»Von allen Schätzen der deutschen Dichtung ist dies der kostbarste: die Lyrik Goethes. Vielleicht gibt es Autoren deutscher Zunge, deren poetisches Werk umfangreicher ist, doch keinen gibt es,
der so viele Gedichte geschrieben hätte, die bis heute lebendig geblieben sind, keinen, dessen Lyrik zarter und klüger, vielseitiger
und farbenprächtiger wäre, nachdenklicher und temperamentvoller.

Nicht alle seine bedeutenden Gedichte sind hier versammelt.
Doch alle, die sich hier finden, sind aufschlußreich und charakteristisch und daher eben auch bedeutend. Vor allem sind sie, um
es ganz altmodisch auszudrücken, schön.« *Marcel Reich-Ranicki*
Aus dem umfangreichen und einzigartigen Werk Johann Wolfgang Goethes versammelt dieser Band die schönsten Gedichte –
berühmte wie weniger bekannte, vertraute wie vergessene, herausgegeben von Marcel-Reich Ranicki.

Johann Wolfgang Goethe, am 28. August 1749 in Frankfurt am
Main geboren, absolvierte ein Jurastudium und trat dann in
den Regierungsdienst am Hof von Weimar ein. 1773 veröffentlichte er *Götz von Berlichingen* (anonym) und 1774 *Die Leiden
des jungen Werthers*. Es folgte eine Vielzahl weiterer Veröffentlichungen, zu den berühmtesten zählen *Italienische Reise* (1816/
1817), *Wilhelm Meisters Lehrjahre* (1798) und *Faust* (1808). Johann Wolfgang Goethe starb am 22. März 1832 in Weimar.

Marcel Reich-Ranicki wurde am 2. Juni 1920 in Włocławek/Polen
geboren und starb am 18. September 2013 in Frankfurt/Main.
Er wurde mit zahlreichen Preisen geehrt und war einer der bedeutendsten Literaturkritiker Deutschlands.

insel taschenbuch 4459
Johann Wolfgang Goethe
Die schönsten Gedichte

Johann Wolfgang Goethe

Die schönsten Gedichte

Herausgegeben von
Marcel Reich-Ranicki

Insel Verlag

Erste Auflage 2016
insel taschenbuch 4459
© Insel Verlag Berlin 2016
Vertrieb durch den Suhrkamp Taschenbuch Verlag
Umschlag: hißmann, heilmann, hamburg
Umschlagabbildung: Florilegius/akg-images
Satz: Satz-Offizin Hümmer GmbH, Waldbüttelbrunn
Druck: CPI – Ebner & Spiegel, Ulm
Printed in Germany
ISBN 978-3-458-36159-6

Inhalt

Vorwort

Zu den unermüdlich wiederholten Interviewfragen gehört jene nach den Büchern, die man, verbannt auf eine einsame Insel, mitnehmen möchte. Meist darf man drei Titel nennen, bisweilen sogar drei Romane, drei Dramen und drei Gedichtbände. Wie aber, wenn der Fragesteller hartnäckig darauf besteht, daß in dem kargen Gepäck Platz nur für einen einzigen Band sei? Entscheide ich mich für einen Roman? Nein, denn man kann einen genialen Roman gewiß häufig lesen, doch nicht unentwegt. Für ein dramatisches Werk? Da kommt der »Faust« in Betracht und auch eine Auswahl der Stücke Shakespeares. Indes gebe ich letztlich der Lyrik den Vorzug, und ich zweifle keinen Augenblick, welcher Poet und welche Verse mich in der Einsamkeit am besten erfreuen, belehren und trösten, ermutigen, erheitern und vergnügen würden: Goethe und seine gesammelten Gedichte.

Von allen Schätzen der deutschen Dichtung sind sie der kostbarste. Vielleicht gibt es Autoren deutscher Zunge, deren lyrisches Werk umfangreicher ist. Doch keinen gibt es, der so viele Gedichte geschrieben hätte, die bis heute lebendig, mehr noch: die herrlich sind wie am ersten Tag, keinen, dessen Poesie zarter und geistreicher, farbenprächtiger und vielseitiger wäre, nachdenklicher und temperamentvoller. Sie stammt aus allen Epochen seines Lebens: Schon der halbwüchsige Goethe schrieb Gedichte – und es sind darunter auch Meisterstücke. Noch der Achtzigjährige verfaßte Verse, und sie muten bisweilen geradezu jugendlich an.

Der unermeßliche, der überwältigende Reichtum seiner Lyrik, die Vielfalt ihrer Töne und Themen, ihrer Stoffe und Stimmungen, ihrer Motive und Melodien hat mit dem Reichtum seiner Persönlichkeit zu tun. »Der Geist des Widerspruchs und die Lust zum Paradoxen steckt in uns allen« – bemerkte er in seiner Autobiographie. Das ist, so verallgemeinert, wohl nicht richtig. Aber es gilt mit Sicherheit für ihn selber. Ob wir uns seinem Leben und Charakter zuwenden oder uns mit seinem Werk befassen, wir treffen unentwegt auf polare Spannungen und schroffe Widersprüche.

Er war ein Dichter und ein Gelehrter, ein Artist und ein Naturwissenschaftler, ein Träumer, ein Visionär und doch ein Realpolitiker. Er war ein passionierter Theoretiker und ein unermüdlicher Praktiker. Er liebte die Klarheit und verteidigte die Dunkelheit, er schätzte das Vornehme und das Aristokratische, ohne sich gegen das Plebejische und das Derbe zu sperren, ohne das Vulgäre zu verachten. Seinen Wilhelm Meister läßt er sagen: »Kurzgefaßte Sprüche jeder Art weiß ich zu ehren, besonders wenn sie mich anregen, das Entgegengesetzte zu überschauen und in Übereinstimmung zu bringen.«

Nichts Literarisches war ihm fremd, nichts Künstlerisches gleichgültig. Goethe beherrschte die unterschiedlichsten Stile, er versuchte sich in allen Formen und Gattungen, er war zu Hause in der Dichtung aller Epochen. So konsequent und erfolgreich er gegen die vielen Raubdrucke seiner Werke auch kämpfte, er selber profitierte gern und oft von den Schriften anderer: Aus dem internationalen Fundus der Poesie nahm er sich heraus, was ihm besonders gefiel und was er gerade gebrauchen konnte.

Gewiß, er war lax in Fragen des geistigen Eigentums, doch verdanken wir dieser Laxheit, die in der damaligen Zeit durchaus üblich war, Außergewöhnliches. Denn er war ein Neuerer und ein Vollender, ein Initiator und ein Konservativer, ein Experimentator und ein Traditionalist. Er wandelte sich unaufhörlich und blieb sich stets treu. Alles gaben die Götter, die unendlichen, ihm, ihrem Liebling, ganz: alle Freuden, die unendlichen, und alle Schmerzen, die unendlichen, ganz.

Aus diesen Freuden und Schmerzen entstanden seine Gedichte; die meisten waren nicht mehr und nicht weniger als poetische Improvisationen. Nie habe er aufgehört – berichtet Goethe –, »dasjenige, was mich erfreute oder quälte, oder sonst beschäftigte, in ein Bild, ein Gedicht zu verwandeln«. Das Gelegenheitsgedicht, ein solches also, das seine Anlässe aus der Wirklichkeit holt, hielt er für »die erste und echteste aller Dichtarten«. Der Titel seiner Autobiographie – »Aus meinem Leben. Dichtung und Wahrheit« – kann denn auch als Programm und Summe seines Werks gelten, zumal seiner Lyrik.

Kein Zufall ist es, daß zu den populärsten, den am häufigsten zitierten Worten Goethes jene gehören, die sein Bekenntnis zum Leben formulieren, dieses freudige und entschiedene, dieses glühende und begeisterte Bekenntnis, das, stets auf die einfachste Weise ausgedrückt, den roten Faden seiner Dichtung bildet. »Wie es auch sei, das Leben, es ist gut«, heißt es in dem Gedicht »Der Bräutigam«.

Im »Vorspiel auf dem Theater« rät die Lustige Person:

> Greift nur hinein ins volle Menschenleben!
> Ein jeder lebts, nicht vielen ists bekannt,
> Und wo ihrs packt, da ists interessant.

Lynkeus wiederum, der Türmer, der zum Sehen geborene, der zum Schauen bestellte, läßt sein Lied mit den Versen ausklingen:

> Ihr glücklichen Augen,
> Was je ihr gesehn,
> Es sei wie es wolle,
> Es war doch so schön!

Faust schließlich ist bereit, sein ganzes Leben aufs Spiel zu setzen, ja er will sogar »gern zugrunde gehn«, wenn er zum Augenblick werde sagen können: »Verweile doch! du bist so schön!« Es sind also – das kann man gar nicht übersehen – die schlichtesten Vokabeln, die Goethe wählt, wenn er seine Zustimmung zum Leben äußert: Gut sei es, schön und interessant.

Aber warum verhält es sich so und nicht anders? Goethe bleibt uns die Erklärung nicht schuldig, er antwortet mit beinahe jedem seiner Werke. Sie alle belegen und veranschaulichen, was Suleika im »Westöstlichen Divan« sagt (»Denn das Leben ist die Liebe«), was Klärchen singt (»Glücklich allein ist die Seele, die liebt«), was der junge Goethe jauchzend verkündete:

> Krone des Lebens,
> Glück ohne Ruh,
> Liebe, bist du!

Nicht ein Denker war er und nicht ein Philosoph, sondern vor allem ein Sänger, nicht ein Grübler, sondern – das Klischee vom tiefsinnig-schwerfälligen Deutschen wunderbar widerlegend – ein Genießer des Daseins, ein Erotiker. Schon wahr: Sein Faust will erkennen, was die Welt im Innersten zusammenhält. Doch dauert es nicht lange, und seine Wünsche sind ganz anderer Art: »Schaff mir ein Halstuch von ihrer Brust, / Ein Strumpfband meiner Liebeslust!«

Goethe selber hat genau gewußt, wo die Wurzeln seiner Poesie zu suchen sind: »Die Liebe gibt mir alles und wo die nicht ist, dresch ich Stroh« – schrieb er an Charlotte von Stein. Und im Sommer 1822 sagte der fast schon Dreiundsiebzigjährige dem Kanzler Friedrich von Müller: »Es geht mir schlecht, denn ich bin weder verliebt noch ist jemand in mich verliebt.« Das sollte nicht lange dauern: Im Sommer 1823 verliebte er sich während eines Aufenthalts in Marienbad in ein neunzehnjähriges Mädchen: Ulrike von Levetzow. Er ließ sie, die seine Enkelin hätte sein können, in aller Form um ihre Hand bitten. Man hielt diesen Wunsch für einen Scherz und einen nicht unbedingt glücklichen. Aber er meinte es ernst. Der Herzog Karl August war der Brautwerber, doch der Heiratsantrag wurde höflich abgelehnt. Auf der Rückreise nach Weimar diktierte Goethe jene »Elegie«, die wir die »Marienbader« zu nennen pflegen. Ihre letzte Strophe beginnt mit der Zeile: »Mir ist das All, ich bin mir selbst verloren.«

Thomas Mann, der Goethe wie keinen anderen bewunderte und verehrte, hat oft über diese späte Liebe nachgedacht. Er sprach von einem »grotesk erschütternden, großartig peinlichen Fall«, von der »majestätischen Zügellosigkeit und egoistischen Unersättlichkeit eines greisen Tasso« und von der »Entwürdigung eines hochgestiegenen Geistes durch ein reizendes, unschuldiges Stück Leben«.

Peinlich, egoistisch, Entwürdigung? Das sind strenge, harte Worte. Manche Zeitgenossen gingen noch weiter, sie sagten ohne Umschweife, der Alte habe sich lächerlich gemacht. Das mag schon sein, doch ziehe ich hier eine andere Vokabel vor: Zwei kurze Verse drängen sich mir auf, mit denen Goethe später, 1827, ein kleines Widmungsgedicht beendete. Er maß ihm offensichtlich keinerlei Bedeutung bei, er nahm es nicht einmal in die letzte und endgültige Ausgabe seiner Werke auf. Sie lauten: »Alle menschlichen Gebrechen / Sühnet reine Menschlichkeit.« Vielleicht hätten wir damit gleichsam die Achse seines Werks – und das zentrale Motiv seines Lebens, das einem Roman glich, einem einzigartigen. Ja, er war ein Poet der reinen Menschlichkeit. Seine Lyrik ist eine Fundgrube, in der sich mehr verbirgt, als wir uns vorstellen können.

Dieser Band bietet Gedichte von Goethe. Von einem Querschnitt oder einem Überblick kann also nicht die Rede sein. Nein, nicht alle seine bedeutenden Gedichte sind hier versammelt. Doch alle, die sich hier finden, sind aufschlußreich und charakteristisch und daher eben auch bedeutend. Vor allem sind sie, um es ganz altmodisch auszudrücken, schön.

Marcel Reich-Ranicki (1999)

An den Mond

Schwester von dem ersten Licht,
Bild der Zärtlichkeit in Trauer!
Nebel schwimmt mit Silberschauer
Um dein reizendes Gesicht.
Deines leisen Fußes Lauf
Weckt aus Tagverschloßnen Höhlen
Traurig abgeschiedne Seelen,
Mich, und nächt'ge Vögel auf.

Forschend übersieht dein Blick
Eine großgemeßne Weite!
Hebe mich an deine Seite,
Gib der Schwärmerei dies Glück!
Und in wollustvoller Ruh,
Säh der weitverschlagne Ritter
Durch das gläserne Gegitter,
Seines Mädgens Nächten zu.

Dämmrung wo die Wollust thront,
Schwimmt um ihre runden Glieder.
Trunken sinkt mein Blick hernieder.
Was verhüllt man wohl dem Mond.
Doch, was das für Wünsche sind!
Voll Begierde zu genießen,
So da droben hängen müssen:
Ei, da schieltest du dich blind.

Ein grauer trüber Morgen

Ein grauer trüber Morgen
Bedeckt mein Liebes Feld,
Im Nebel tief verborgen
Liegt um mich her die Welt.
O Liebliche Fridricke,
Dürft ich nach Dir zurück
In einem Deiner Blicke
Liegt Sonnenschein und Glück.

Der Baum in dessen Rinde
Mein Nam bei Deinem Steht,
Wird bleich vom rauhen Winde
Der jede Lust verweht.
Der Wiesen grüner Schimmer
Wird trüb wie mein Gesicht,
Sie Sehen die Sonne nimmer,
Und ich Fridricken nicht.

Bald geh ich in die Reben
Und herbste trauben ein
Umher ist alles Leben
Es strudelt neuer Wein,
Doch in der öden Laube,
Ach, denk ich wär Sie hier,
Ich brächt ihr diese traube,
Und Sie – was gäb sie mir

Willkommen und Abschied

Es schlug mein Herz, geschwind zu Pferde!
Es war getan fast eh' gedacht;
Der Abend wiegte schon die Erde,
Und an den Bergen hing die Nacht:
Schon stand im Nebelkleid die Eiche,
Ein aufgetürmter Riese, da,
Wo Finsternis aus dem Gesträuche
Mit hundert schwarzen Augen sah.

Der Mond von einem Wolkenhügel
Sah kläglich aus dem Duft hervor,
Die Winde schwangen leise Flügel,
Umsaus'ten schauerlich mein Ohr;
Die Nacht schuf tausend Ungeheuer,
Doch frisch und fröhlich war mein Mut:
In meinen Adern welches Feuer!
In meinem Herzen welche Glut!

Dich sah ich, und die milde Freude
Floß von dem süßen Blick auf mich,
Ganz war mein Herz an deiner Seite,
Und jeder Atemzug für dich.
Ein rosenfarbnes Frühlingswetter
Umgab das liebliche Gesicht,
Und Zärtlichkeit für mich – ihr Götter!
Ich hofft' es, ich verdient' es nicht!

Doch ach! schon mit der Morgensonne
Verengt der Abschied mir das Herz:

In deinen Küssen, welche Wonne!
In deinem Auge, welcher Schmerz!
Ich ging, du standst und sahst zur Erden
Und sahst mir nach mit nassem Blick:
Und doch, welch Glück geliebt zu werden!
Und lieben, Götter, welch ein Glück!

Mit einem gemalten Band

Kleine Blumen, kleine Blätter
Streuen mir mit leichter Hand
Gute junge Frühlings-Götter
Tändelnd auf ein luftig Band.

Zephyr, nimm's auf deine Flügel,
Schling's um meiner Liebsten Kleid;
Und so tritt sie vor den Spiegel
All in ihrer Munterkeit.

Sieht mit Rosen sich umgeben,
Selbst wie eine Rose jung.
Einen Blick, geliebtes Leben!
Und ich bin belohnt genung.

Fühle was dies Herz empfindet,
Reiche frei mir deine Hand,
Und das Band, das uns verbindet,
Sei kein schwaches Rosen-Band!

Mailied

Wie herrlich leuchtet
Mir die Natur!
Wie glänzt die Sonne!
Wie lacht die Flur!

Es dringen Blüten
Aus jedem Zweig
Und tausend Stimmen
Aus dem Gesträuch,

Und Freud' und Wonne
Aus jeder Brust.
O Erd'! o Sonne!
O Glück! o Lust!

O Lieb'! o Liebe!
So golden-schön,
Wie Morgenwolken
Auf jenen Höhn!

Du segnest herrlich
Das frische Feld,
Im Blütendampfe
Die volle Welt.

O Mädchen, Mädchen,
Wie lieb' ich dich!
Wie blickt dein Auge!
Wie liebst du mich!

So liebt die Lerche
Gesang und Luft,
Und Morgenblumen
Den Himmelsduft,

Wie ich dich liebe
Mit warmem Blut,
Die du mir Jugend
Und Freud' und Mut

Zu neuen Liedern
Und Tänzen gibst.
Sei ewig glücklich,
Wie du mich liebst!

Heidenröslein

Sah ein Knab' ein Röslein stehn,
Röslein auf der Heiden,
War so jung und morgenschön,
Lief er schnell es nah zu sehn,
Sah's mit vielen Freuden.
Röslein, Röslein, Röslein rot,
Röslein auf der Heiden.

Knabe sprach: ich breche dich,
Röslein auf der Heiden!
Röslein sprach: ich steche dich,
Daß du ewig denkst an mich,
Und ich will's nicht leiden.
Röslein, Röslein, Röslein rot,
Röslein auf der Heiden.

Und der wilde Knabe brach
's Röslein auf der Heiden;
Röslein wehrte sich und stach,
Half ihm doch kein Weh und Ach,
Mußt es eben leiden.
Röslein, Röslein, Röslein rot,
Röslein auf der Heiden.

Pilgers Morgenlied
An Lila

Morgennebel, Lila,
Hüllen deinen Turn um.
Soll ich ihn zum
Letzten Mal nicht sehn!
Doch mir schweben
Tausend Bilder
Seliger Erinnerung
Heilig warm um's Herz.
Wie er so stand
Zeuge meiner Wonne,
Als zum ersten mal
Du den Fremdling
Ängstlich liebevoll
Begegnetest
Und mit einem mal
Ew'ge Flammen
In die Seel' ihm warfst.

Zische Nord
Tausend schlangenzüngig
Mir um's Haupt!
Beugen sollst du's nicht!
Beugen magst du
Kind'scher Zweige Haupt,
Von der Sonne
Muttergegenwart geschieden.
Allgegenwärt'ge Liebe!
Durchglühst mich!

Beutst dem Wetter die Stirn,
Gefahren die Brust,
Hast mir gegossen
In's frühwelkende Herz
Doppeltes Leben,
Freude zu leben,
Und Mut!

Rezensent

Da hatt ich einen Kerl zu Gast,
Er war mir eben nicht zur Last,
Ich hatt so mein gewöhnlich Essen.
Hat sich der Mensch pump satt gefressen
Zum Nachtisch was ich gespeichert hatt!
Und kaum ist mir der Kerl so satt,
Tut ihn der Teufel zum Nachbar führen,
Über mein Essen zu raisonnieren.
Die Supp hätt können gewürzter sein,
Der Braten brauner, firner der Wein.
Der tausend Sackerment!
Schlagt ihn tot, den Hund! Es ist ein Rezensent.

Das Veilchen

Ein Veilchen auf der Wiese stand,
Gebückt in sich und unbekannt;
Es war ein herzig's Veilchen.
Da kam eine junge Schäferin
Mit leichtem Schritt und munterm Sinn
Daher, daher,
Die Wiese her, und sang.

Ach! denkt das Veilchen; wär' ich nur
Die schönste Blume der Natur,
Ach nur ein kleines Weilchen,
Bis mich das Liebchen abgepflückt,
Und an dem Busen matt gedrückt!
Ach nur, ach nur
Ein Viertelstündchen lang!

Ach! aber ach! das Mädchen kam
Und nicht in Acht das Veilchen nahm,
Ertrat das arme Veilchen.
Es sank und starb und freut' sich noch:
Und sterb' ich denn, so sterb' ich doch
Durch sie, durch sie,
Zu ihren Füßen doch.

Der untreue Knabe

Es war ein Knabe frech genung,
War erst aus Frankreich kommen,
Der hatt' ein armes Mädel jung
Gar oft in Arm genommen,
Und liebgekos't und liebgeherzt,
Als Bräutigam herumgescherzt,
Und endlich sie verlassen.

Das braune Mädel das erfuhr,
Vergingen ihr die Sinnen.
Sie lacht' und weint' und bet't und schwur:
So fuhr die Seel' von hinnen.
Die Stund, da sie verschieden war,
Wird bang dem Buben, graus't sein Haar,
Es treibt ihn fort zu Pferde.

Er gab die Sporen kreuz und quer,
Und ritt auf alle Seiten,
Herüber, hinüber, hin und her.
Kann keine Ruh erreiten.
Reit't sieben Tag und sieben Nacht;
Es blitzt und donnert, stürmt und kracht,
Die Fluten reißen über.

Und reit't in Blitz und Wetterschein
Gemäuerwerk entgegen,
Bind't's Pferd haus an, und kriecht hinein,
Und duckt sich vor dem Regen.
Und wie er tappt, und wie er fühlt,

Sich unter ihm die Erd' erwühlt;
Er stürzt wohl hundert Klafter.

Und als er sich ermannt vom Schlag,
Sieht er drei Lichtlein schleichen.
Er rafft sich auf und krabbelt nach;
Die Lichtlein ferne weichen,
Irr' führen ihn, die Quer und Läng',
Trepp' auf, Trepp' ab, durch enge Gäng',
Verfallne, wüste Keller.

Auf einmal steht er hoch im Saal,
Sieht sitzen hundert Gäste,
Hohläugig grinsen allzumal
Und winken ihm zu Feste.
Er sieht sein Schätzel unten an
Mit weißen Tüchern angetan,
Die wend't sich –

Der König in Thule

Es war ein König in Thule
Gar treu bis an das Grab,
Dem sterbend seine Buhle
Einen goldnen Becher gab.

Es ging ihm nichts darüber,
Er leert ihn jeden Schmaus;
Die Augen gingen ihm über,
Sooft er trank daraus.

Und als er kam zu sterben,
Zählt' er seine Städt' im Reich,
Gönnt' alles seinen Erben,
Den Becher nicht zugleich.

Er saß beim Königsmahle,
Die Ritter um ihn her,
Auf hohem Vätersaale,
Dort auf dem Schloß am Meer.

Dort stand der alte Zecher,
Trank letzte Lebensglut,
Und warf den heil'gen Becher
Hinunter in die Flut.

Er sah ihn stürzen, trinken
Und sinken tief ins Meer.
Die Augen täten ihm sinken;
Trank nie einen Tropfen mehr.

Ganymed

Wie im Morgenglanze
Du rings mich anglühst,
Frühling, Geliebter!
Mit tausendfacher Liebeswonne
Sich an mein Herz drängt
Deiner ewigen Wärme
Heilig Gefühl,
Unendliche Schöne!

Daß ich dich fassen möcht'
In diesen Arm!

Ach an deinem Busen
Lieg' ich, schmachte,
Und deine Blumen, dein Gras
Drängen sich an mein Herz.
Du kühlst den brennenden
Durst meines Busens,
Lieblicher Morgenwind,
Ruft drein die Nachtigall
Liebend nach mir aus dem Nebeltal.
Ich komm'! Ich komme!
Wohin? Ach, wohin?

Hinauf! Hinauf strebt's.
Es schweben die Wolken
Abwärts, die Wolken
Neigen sich der sehnenden Liebe.
Mir! Mir!

In euerm Schoße
Aufwärts!
Umfangend umfangen!
Aufwärts an deinen Busen,
Alliebender Vater!

An Schwager Kronos

In der Postchaise d 10 Oktbr 1774

Spude dich Kronos
Fort den rasselnden Trott!
Bergab gleitet der Weg
Ekles Schwindeln zögert
Mir vor die Stirne dein Haudern
Frisch, den holpernden
Stock, Wurzeln, Steine den Trott
Rasch in's Leben hinein.

Nun, schon wieder?
Den eratmenden Schritt
Mühsam Berg hinauf.
Auf denn! nicht träge denn!
Strebend und hoffend an.

Weit hoch herrlich der Blick
Rings ins Leben hinein
Vom Gebürg zum Gebürg
Über der ewige Geist
Ewigen Lebens ahndevoll.

Seitwärts des Überdachs Schatten
Zieht dich an
Und der Frischung verheißende Blick
Auf der Schwelle des Mädgens da.

Labe dich – mir auch Mädgen
Diesen schäumenden Trunk
Und den freundlichen Gesundheits Blick.

Ab dann frischer hinab
Sieh die Sonne sinkt!
Eh sie sinkt, eh mich faßt
Greisen im Moore Nebelduft,
Entzahnte Kiefer schnattern
Und das schlockernde Gebein.

Trunknen vom letzten Strahl
Reiß mich, ein Feuermeer
Mir im schäumenden Aug,
Mich Geblendeten, Taumelnden,
In der Hölle nächtliches Tor
  Töne Schwager dein Horn
Raßle den schallenden Trab
Daß der Orkus vernehme: ein Fürst kommt,
Drunten von ihren Sitzen
Sich die Gewaltigen lüften.

Künstlers Abendlied

Ach, daß die innre Schöpfungskraft
Durch meinen Sinn erschölle!
Daß eine Bildung voller Saft
Aus meinen Fingern quölle!

Ich zittre nur, ich stottre nur,
Und kann es doch nicht lassen;
Ich fühl', ich kenne dich, Natur,
Und so muß ich dich fassen.

Bedenk' ich dann, wie manches Jahr
Sich schon mein Sinn erschließet,
Wie er, wo dürre Heide war,
Nun Freudenquell genießet;

Wie sehn' ich mich, Natur, nach dir,
Dich treu und lieb zu fühlen!
Ein lust'ger Springbrunn, wirst du mir
Aus tausend Röhren spielen.

Wirst alle meine Kräfte mir
In meinem Sinn erheitern,
Und dieses enge Dasein hier
Zur Ewigkeit erweitern.

Neue Liebe neues Leben

Herz, mein Herz, was soll das geben?
Was bedränget dich so sehr?
Welch ein fremdes, neues Leben!
Ich erkenne dich nicht mehr.
Weg ist alles, was du liebtest,
Weg, warum du dich betrübtest,
Weg dein Fleiß und deine Ruh –
Ach, wie kamst du nur dazu!

Fesselt dich die Jugendblüte,
Diese liebliche Gestalt,
Dieser Blick voll Treu und Güte
Mit unendlicher Gewalt?
Will ich rasch mich ihr entziehen,
Mich ermannen, ihr entfliehen,
Führet mich im Augenblick,
Ach, mein Weg zu ihr zurück.

Und an diesem Zauberfädchen,
Das sich nicht zerreißen läßt,
Hält das liebe, lose Mädchen
Mich so wider Willen fest;
Muß in ihrem Zauberkreise
Leben nun auf ihre Weise.
Die Veränderung, ach, wie groß!
Liebe! Liebe! laß mich los!

Auf dem See

Und frische Nahrung, neues Blut
Saug ich aus freier Welt;
Wie ist Natur so hold und gut,
Die mich am Busen hält!
Die Welle wieget unsern Kahn
Im Rudertakt hinauf,
Und Berge, wolkig himmelan,
Begegnen unserm Lauf.

Aug, mein Aug, was sinkst du nieder?
Goldne Träume, kommt ihr wieder?
Weg, du Traum! so gold du bist;
Hier auch Lieb und Leben ist.

Auf der Welle blinken
Tausend schwebende Sterne,
Weiche Nebel trinken
Rings die türmende Ferne;
Morgenwind umflügelt
Die beschattete Bucht,
Und im See bespiegelt
Sich die reifende Frucht.

Herbstgefühl

Fetter grüne, du Laub',
Am Rebengeländer
Hier mein Fenster herauf;
Gedrängter quellet,
Zwillingsbeeren, und reifet
Schneller und glänzend voller.
Euch brütet der Mutter Sonne
Scheideblick; euch umsäuselt
Des holden Himmels
Fruchtende Fülle;
Euch kühlet des Mondes
Freundlicher Zauberhauch,
Und euch betauen, ach!
Aus diesen Augen
Der ewig belebenden Liebe
Vollschwellende Tränen.

Wonne der Wehmut

Trocknet nicht, trocknet nicht,
Tränen der heiligen Liebe!
Ach nur den halbtrocknen Augen schon
Wie öde, tot ist die Welt.
Trocknet nicht, trocknet nicht
Tränen der ewigen Liebe!

Hoffnung

Schaff, das Tagwerk meiner Hände,
Hohes Glück, daß ich's vollende!
Laß, o laß mich nicht ermatten!
Nein es sind nicht leere Träume;
Jetzt nur Stangen, diese Bäume
Geben einst noch Frucht und Schatten.

Wandrers Nachtlied

Der du von dem Himmel bist
Alles Leid und Schmerzen stillest,
Den, der doppelt elend ist,
Doppelt mit Erquickung füllest,
Ach! ich bin des Treibens müde!
Was soll all der Schmerz und Lust?
Süßer Friede!
Komm, ach komm in meine Brust!

Rastlose Liebe

Dem Schnee, dem Regen,
Dem Wind entgegen,
Im Dampf der Klüfte,
Durch Nebeldüfte,
Immer zu! Immer zu!
Ohne Rast und Ruh!

Lieber durch Leiden
Möcht' ich mich schlagen,
Als so viel Freuden
Des Lebens ertragen.
Alle das Neigen
Von Herzen zu Herzen,
Ach wie so eigen
Schaffet das Schmerzen!

Wie soll ich fliehen?
Wälderwärts ziehen?
Alles vergebens!
Krone des Lebens,
Glück ohne Ruh,
Liebe, bist du!

An den Geist des Johannes Secundus

Lieber, heiliger, großer Küsser,
Der du mirs in lechzend atmender
Glückseligkeit fast vorgetan hast!
Wem soll ichs klagen, klagt ich dirs nicht!
Dir, dessen Lieder wie ein warmes Kissen
Heilender Kräuter mir unters Herz sich legten,
Daß es wieder aus dem krampfigen Starren
Erdetreibens klopfend sich erholte.
Ach, wie klag ich dirs, daß meine Lippe blutet,
Mir gespalten ist und erbärmlich schmerzet,
Meine Lippe, die so viel gewohnt ist
Von der Liebe süßtem Glück zu schwellen
Und, wie eine goldne Himmelspforte,
Lallende Seligkeit aus und ein zu stammeln.
Gesprungen ist sie! Nicht vom Biß der Holden,
Die, in voller ringsumfangender Liebe,
Mehr möcht haben von mir und möchte mich Ganzen
Ganz erküssen und fressen, und was sie könnte!
Nicht gesprungen, weil nach ihrem Hauche
Meine Lippen unheilige Lüfte entweihten.
Ach, gesprungen, weil mich Öden, Kalten,
Über beizenden Reif der Herbstwind anpackt.
Und da ist Traubensaft und der Saft der Bienen,
An meines Herdes treuem Feuer vereinigt,
Der soll mir helfen! Wahrlich, er hilft nicht,
Denn von der Liebe alles heilendem
Gift-Balsam ist kein Tröpfchen drunter.

Vor Gericht

Von wem ich's habe, das sag' ich euch nicht
Das Kind in meinem Leib,
Pfui speit ihr aus die Hure da!
Bin doch ein ehrlich Weib.

Mit wem ich mich traute das sag ich euch nicht
Mein Schatz ist lieb und gut,
Trägt er eine goldne Kett am Hals,
Trägt er einen strohernen Hut.

Soll Spott und Hohn getragen sein
Trag' ich allein den Hohn,
Ich kenn' ihn wohl, er kennt mich wohl,
Und Gott weiß auch davon.

Herr Pfarrer und Herr Amtmann ihr
Ich bitt laßt mich in Ruh,
Es ist mein Kind und bleibt mein Kind,
Ihr gebt mir ja nichts dazu.

[Aus einem Briefe an
die Gräfin Auguste zu Stolberg]

Alles geben die Götter, die unendlichen,
Ihren Lieblingen ganz,
Alle Freuden, die unendlichen,
Alle Schmerzen, die unendlichen, ganz.

An den Mond

Spätere Fassung

Füllest wieder Busch und Tal
Still mit Nebelglanz,
Lösest endlich auch einmal
Meine Seele ganz;

Breitest über mein Gefild
Lindernd deinen Blick,
Wie des Freundes Auge, mild
Über mein Geschick.

Jeden Nachklang fühlt mein Herz
Froh und trüber Zeit,
Wandle zwischen Freud' und Schmerz
In der Einsamkeit.

Fließe, fließe, lieber Fluß!
Nimmer werd' ich froh,
So verrauschte Scherz und Kuß,
Und die Treue so.

Ich besaß es doch einmal,
Was so köstlich ist!
Daß man doch zu seiner Qual
Nimmer es vergißt!

Der Fischer

Das Wasser rauscht', das Wasser schwoll,
Ein Fischer saß daran,
Sah nach dem Angel ruhevoll,
Kühl bis ans Herz hinan.
Und wie er sitzt und wie er lauscht,
Teilt sich die Flut empor;
Aus dem bewegten Wasser rauscht
Ein feuchtes Weib hervor.

Sie sang zu ihm, sie sprach zu ihm:
Was lockst du meine Brut,
Mit Menschenwitz und Menschenlist,
Hinauf in Todesglut?
Ach! wüßtest du, wie's Fischlein ist
So wohlig auf dem Grund,
Du stiegst herunter, wie du bist,
Und würdest erst gesund!

Labt sich die liebe Sonne nicht,
Der Mond sich nicht im Meer?
Kehrt wellenatmend ihr Gesicht
Nicht doppelt schöner her?
Lockt dich der tiefe Himmel nicht,
Das feuchtverklärte Blau?
Lockt dich dein eigen Angesicht
Nicht her in ew'gen Tau?

Das Wasser rauscht', das Wasser schwoll,
Netzt' ihm den nackten Fuß;

Sein Herz wuchs ihm so sehnsuchtsvoll,
Wie bei der Liebsten Gruß.
Sie sprach zu ihm, sie sang zu ihm;
Da war's um ihn geschehn:
Halb zog sie ihn, halb sank er hin,
Und ward nicht mehr gesehn.

Erinnerung

Willst du immer weiter schweifen?
Sieh, das Gute liegt so nah.
Lerne nur das Glück ergreifen,
Denn das Glück ist immer da.

Grenzen der Menschheit

Wenn der uralte,
Heilige Vater
Mit gelassener Hand
Aus rollenden Wolken
Segnende Blitze
Über die Erde sä't,
Küss' ich den letzten
Saum seines Kleides,
Kindliche Schauer
Treu in der Brust.

Denn mit Göttern
Soll sich nicht messen
Irgend ein Mensch.
Hebt er sich aufwärts
Und berührt
Mit dem Scheitel die Sterne,
Nirgends haften dann
Die unsichern Sohlen,
Und mit ihm spielen
Wolken und Winde.

Steht er mit festen,
Markigen Knochen
Auf der wohlgegründeten,
Dauernden Erde;
Reicht er nicht auf,
Nur mit der Eiche
Oder der Rebe
Sich zu vergleichen.

Was unterscheidet
Götter von Menschen?
Daß viele Wellen
Vor jenen wandeln,
Ein ewiger Strom:
Uns hebt die Welle,
Verschlingt die Welle,
Und wir versinken.

Ein kleiner Ring
Begrenzt unser Leben,
Und viele Geschlechter
Reihen sich dauernd
An ihres Daseins
Unendliche Kette.

Gesang der Geister über den Wassern

Des Menschen Seele
Gleicht dem Wasser:
Vom Himmel kommt es,
Zum Himmel steigt es,
Und wieder nieder
Zur Erde muß es,
Ewig wechselnd.

Strömt von der hohen,
Steilen Felswand
Der reine Strahl,
Dann stäubt er lieblich
In Wolkenwellen
Zum glatten Fels,
Und leicht empfangen
Wallt er verschleiernd,
Leisrauschend,
Zur Tiefe nieder.

Ragen Klippen
Dem Sturze entgegen,
Schäumt er unmutig
Stufenweise
Zum Abgrund.

Im flachen Bette
Schleicht er das Wiesental hin,
Und in dem glatten See
Weiden ihr Antlitz
Alle Gestirne.

Wind ist der Welle
Lieblicher Buhler;
Wind mischt vom Grund aus
Schäumende Wogen.

Seele des Menschen,
Wie gleichst du dem Wasser!
Schicksal des Menschen,
Wie gleichst du dem Wind!

Wandrers Nachtlied

Über allen Gipfeln
Ist Ruh',
In allen Wipfeln
Spürest du
Kaum einen Hauch;
Die Vögelein schweigen im Walde.
Warte nur! Balde
Ruhest du auch.

Nachtgedanken

Euch bedaur' ich, unglücksel'ge Sterne,
Die ihr schön seid und so herrlich scheinet,
Dem bedrängten Schiffer gerne leuchtet,
Unbelohnt von Göttern und von Menschen:
Denn ihr liebt nicht, kanntet nie die Liebe!
Unaufhaltsam führen ew'ge Stunden
Eure Reihen durch den weiten Himmel.
Welche Reise habt ihr schon vollendet!
Seit ich weilend in dem Arm der Liebsten
Euer und der Mitternacht vergessen.

Erlkönig

Wer reitet so spät durch Nacht und Wind?
Es ist der Vater mit seinem Kind;
Er hat den Knaben wohl in dem Arm,
Er faßt ihn sicher, er hält ihn warm.

Mein Sohn, was birgst du so bang dein Gesicht? –
Siehst, Vater, du den Erlkönig nicht?
Den Erlenkönig mit Kron und Schweif? –
Mein Sohn, es ist ein Nebelstreif. –

»Du liebes Kind, komm, geh mit mir!
Gar schöne Spiele spiel ich mit dir;
Manch bunte Blumen sind an dem Strand;
Meine Mutter hat manch' gülden Gewand.«

Mein Vater, mein Vater, und hörest du nicht,
Was Erlenkönig mir leise verspricht? –
Sei ruhig, bleibe ruhig, mein Kind;
In dürren Blättern säuselt der Wind. –

»Willst, feiner Knabe, du mit mir gehn?
Meine Töchter sollen dich warten schön;
Meine Töchter führen den nächtlichen Reihn,
Und wiegen und tanzen und singen dich ein.«

Mein Vater, mein Vater, und siehst du nicht dort
Erlkönigs Töchter am düstern Ort? –
Mein Sohn, mein Sohn, ich seh' es genau:
Es scheinen die alten Weiden so grau. –

»Ich liebe dich, mich reizt deine schöne Gestalt;
Und bist du nicht willig, so brauch ich Gewalt.« –
Mein Vater, mein Vater, jetzt faßt er mich an!
Erlkönig hat mir ein Leids getan! –

Dem Vater grauset's, er reitet geschwind,
Er hält in Armen das ächzende Kind,
Erreicht den Hof mit Müh und Not;
In seinen Armen das Kind war tot.

Der Park

Welch ein himmlischer Garten entspringt aus Öd' und
                                           aus Wüste,
   Wird und lebet und glänzt herrlich im Lichte vor mir.
Wohl den Schöpfer ahmet ihr nach, ihr Götter der Erde!
   Fels und See und Gebüsch, Vögel und Fisch und Gewild.
Nur, daß euere Stätte sich ganz zum Eden vollende,
   Fehlet hier ein Glücklicher, fehlt euch am Sabbat die Ruh.

Der Sänger

Was hör' ich draußen vor dem Tor,
Was auf der Brücke schallen?
Laß den Gesang vor unserm Ohr
Im Saale wiederhallen!
Der König sprachs, der Page lief;
Der Knabe kam, der König rief:
Laßt mir herein den Alten!

Gegrüßet seid mir, edle Herrn,
Gegrüßt ihr, schöne Damen!
Welch reicher Himmel! Stern bei Stern!
Wer kennet ihre Namen?
Im Saal voll Pracht und Herrlichkeit
Schließt, Augen, euch; hier ist nicht Zeit,
Sich staunend zu ergetzen.

Der Sänger drückt' die Augen ein
Und schlug in vollen Tönen;
Die Ritter schauten mutig drein,
Und in den Schoß die Schönen.
Der König, dem es wohlgefiel,
Ließ, ihn zu ehren für sein Spiel,
Eine goldne Kette holen.

Die goldne Kette gib mir nicht,
Die Kette gib den Rittern,
Vor deren kühnem Angesicht
Der Feinde Lanzen splittern;
Gib sie dem Kanzler, den du hast,

Und laß ihn noch die goldne Last
Zu andern Lasten tragen.

Ich singe, wie der Vogel singt,
Der in den Zweigen wohnet;
Das Lied, das aus der Kehle dringt,
Ist Lohn, der reichlich lohnet.
Doch darf ich bitten, bitt' ich eins:
Laß mir den besten Becher Weins
In purem Golde reichen.

Er setzt' ihn an, er trank ihn aus:
O, Trank voll süßer Labe!
O, wohl dem hochbeglückten Haus,
Wo das ist kleine Gabe!
Ergeht's euch wohl, so denkt an mich,
Und danket Gott so warm, als ich
Für diesen Trunk euch danke.

Harfenspieler

Wer nie sein Brod mit Tränen aß,
Wer nie die kummervollen Nächte
Auf seinem Bette weinend saß,
Der kennt euch nicht, ihr himmlischen Mächte!

Ihr führt ins Leben uns hinein,
Ihr laßt den Armen schuldig werden,
Dann überlaßt ihr ihn der Pein:
Denn alle Schuld rächt sich auf Erden.

Mignon

Kennst du das Land? wo die Citronen blühn,
Im dunkeln Laub die Gold-Orangen glühn,
Ein sanfter Wind vom blauen Himmel weht,
Die Myrte still und hoch der Lorbeer steht,
Kennst du es wohl?
               Dahin! Dahin
Möcht' ich mit dir, o mein Geliebter, ziehn!

Kennst du das Haus? Auf Säulen ruht sein Dach,
Es glänzt der Saal, es schimmert das Gemach,
Und Marmorbilder stehn und sehn mich an:
Was hat man dir, du armes Kind, getan?
Kennst du es wohl?
               Dahin! Dahin
Möcht' ich mit dir, o mein Beschützer, ziehn!

Kennst du den Berg, und seinen Wolkensteg?
Das Maultier sucht im Nebel seinen Weg;
In Höhlen wohnt der Drachen alte Brut;
Es stürzt der Fels und über ihn die Flut.
Kennst du ihn wohl?
               Dahin! Dahin
Geht unser Weg! o Vater, laß uns ziehn!

Freudvoll und leidvoll

Freudvoll
Und leidvoll,
Gedankenvoll sein,
Langen
Und bangen
In schwebender Pein,
Himmelhoch jauchzend,
Zum Tode betrübt;
Glücklich allein
Ist die Seele, die liebt.

Anakreons Grab

Wo die Rose hier blüht, wo Reben um Lorbeer sich schlingen,
    Wo das Turtelchen lockt, wo sich das Grillchen ergetzt,
Welch ein Grab ist hier, das alle Götter mit Leben
    Schön bepflanzt und geziert? Es ist Anakreons Ruh.
Frühling, Sommer und Herbst genoß der glückliche Dichter,
    Vor dem Winter hat ihn endlich der Hügel geschützt.

Mignon

Nur wer die Sehnsucht kennt,
Weiß, was ich leide!
Allein und abgetrennt
Von aller Freude,
Seh ich ans Firmament
Nach jener Seite.
Ach, der mich liebt und kennt;
Ist in der Weite.
Es schwindelt mir, es brennt
Mein Eingeweide.
Nur, wer die Sehnsucht kennt,
Weiß, was ich leide!

An Charlotte v. Stein

Woher sind wir geboren
   Aus Lieb.
Wie wären wir verloren
   Ohn Lieb.
Was hilft uns überwinden?
   Die Lieb.
Kann man auch Liebe finden?
   Durch Lieb.
Was läßt nicht lange weinen?
   Die Lieb.
Was soll uns stets vereinen
   Die Lieb.

Saget, Steine, mir an

Saget, Steine, mir an, o! sprecht, ihr hohen Paläste!
    Straßen, redet ein Wort! Genius, regst du dich nicht?
Ja, es ist Alles beseelt in deinen heiligen Mauern,
    Ewige Roma; nur mir schweiget noch Alles so still.
O! wer flüstert mir zu, an welchem Fenster erblick' ich
    Einst das holde Geschöpf, das mich versengend erquickt?
Ahn' ich die Wege noch nicht, durch die ich immer und immer,
    Zu ihr und von ihr zu gehn, opfre die köstliche Zeit?
Noch betracht' ich Kirch' und Palast, Ruinen und Säulen,
    Wie ein bedächtiger Mann schicklich die Reise benutzt.
Doch bald ist es vorbei; dann wird ein einziger Tempel,
    Amors Tempel nur sein, der den Geweihten empfängt.
Eine Welt zwar bist du, o Rom; doch ohne die Liebe
    Wäre die Welt nicht die Welt, wäre denn Rom auch
                                        nicht Rom.

Hinten im Winkel des Gartens

Hinten im Winkel des Gartens da stand ich der letzte
der Götter
Rohgebildet, und schlimm hatte die Zeit mich verletzt.
Kürbisranken schmiegten sich auf am veralteten Stamme,
Und schon krachte das Glied unter den Lasten der Frucht.
Dürres Gereisig neben mir an, dem Winter gewidmet,
Den ich hasse, denn er schickt mir die Raben aufs Haupt
Schändlich mich zu besudeln; der Sommer sendet die Knechte
Die sich entladende frech zeigen das rohe Gesäß.
Unflat oben und unten! ich mußte fürchten ein Unflat
Selber zu werden, ein Schwamm, faules verlorenes Holz.
Nun, durch deine Bemühung o! redlicher Künstler gewinn ich
Unter Göttern den Platz der mir und andern gebührt.
Wer hat Jupiters Thron, den schlechterworbnen, befestigt?
Farb und Elfenbein, Marmor und Erz und Gedicht.
Gern erblicken mich nun verständige Männer und denken
Mag sich jeder so gern wie es der Künstler gedacht.
Nicht das Mädchen entsetzt sich vor mir, und nicht
die Matrone,
Häßlich bin ich nicht mehr, bin ungeheuer nur stark.
Dafür soll dir denn auch halbfußlang die prächtige Rute
Strotzen vom Mittel herauf, wenn es die Liebste gebeut
Soll das Glied nicht ermüden, als bis ihr die Dutzend Figuren
Durchgenossen wie sie künstlich Philänis erfand.

Froh empfind ich mich

Froh empfind ich mich nun auf klassischem Boden begeistert;
Vor- und Mitwelt spricht lauter und reizender mir.
Hier befolg' ich den Rat, durchblättre die Werke der Alten
Mit geschäftiger Hand, täglich mit neuem Genuß.
Aber die Nächte hindurch hält Amor mich anders beschäftigt;
Werd ich auch halb nur gelehrt, bin ich doch doppelt beglückt.
Und belehr' ich mich nicht, indem ich des lieblichen Busens
Formen spähe, die Hand leite die Hüften hinab?
Dann versteh' ich den Marmor erst recht; ich denk' und
vergleiche,
Sehe mit fühlendem Aug', fühle mit sehender Hand.
Raubt die Liebste denn gleich mir einige Stunden des Tages,
Gibt sie Stunden der Nacht mir zur Entschädigung hin.
Wird doch nicht immer geküßt, es wird vernünftig gesprochen;
Überfällt sie der Schlaf, lieg' ich und denke mir viel.
Oftmals hab' ich auch schon in ihren Armen gedichtet,
Und des Hexameters Maß, leise mit fingernder Hand,
Ihr auf den Rücken gezählt. Sie atmet in lieblichem Schlummer,
Und es durchglühet ihr Hauch mir bis ins Tiefste die Brust.
Amor schüret die Lamp' indes und denket der Zeiten,
Da er den nämlichen Dienst seinen Triumvirn getan.

Herbstlich leuchtet die Flamme

Herbstlich leuchtet die Flamme vom ländlich geselligen
                                                                    Herde,
   Knistert und glänzet, wie rasch! sausend vom Reisig empor.
Diesen Abend erfreut sie mich mehr; denn eh' noch zur Kohle
   Sich das Bündel verzehrt, unter die Asche sich neigt,
Kommt mein liebliches Mädchen. Dann flammen Reisig
                                                                    und Scheite,
   Und die erwärmte Nacht wird uns ein glänzendes Fest.
Morgen frühe geschäftig verläßt sie das Lager der Liebe,
   Weckt aus der Asche behend Flammen aufs Neue hervor.
Denn vor andern verlieh der Schmeichlerin Amor die Gabe,
   Freude zu wecken, die kaum still wie zu Asche versank.

Zünde mir Licht an

Zünde mir Licht an, Knabe! – »Noch ist es hell. Ihr verzehret
   Öl und Docht nur umsonst. Schließet die Läden doch nicht!
Hinter die Häuser entwich, nicht hinter den Berg, uns
                       die Sonne!
   Ein halb Stündchen noch währt's bis zum Geläute
                       der Nacht.« –
Unglückseliger! geh und gehorch'! Mein Mädchen erwart' ich.
   Tröste mich, Lämpchen, indes, lieblicher Bote der Nacht!

Eines ist mir verdrießlich

Eines ist mir verdrießlich vor allen Dingen, ein andres
    Bleibt mir abscheulich, empört jegliche Faser in mir,
Nur der bloße Gedanke. Ich will es euch Freunde gestehen:
    Gar verdrießlich ist mir einsam das Lager zu Nacht.
Aber ganz abscheulich ist's, auf dem Wege der Liebe
    Schlangen zu fürchten und Gift unter den Rosen der Lust;
Wenn im schönsten Moment der hin sich gebenden Freude
    Deinem sinkenden Haupt lispelnde Sorge sich naht.
Darum macht mich Faustine so glücklich, sie teilet das Lager
    Gerne mit mir und bewahrt Treue dem Treuen genau.

Reizendes Hindernis will die rasche Jugend, ich liebe
    Mich des versicherten Guts lange bequem zu erfreun.
Welche Seligkeit ists! wir wechseln sichere Küsse,
    Atem und Leben getrost saugen und flößen wir ein.
So erfreuen wir uns der langen Nächte, wir lauschen,
    Busen an Busen gedrängt, Stürmen und Regen und Guß.
So erscheinet uns wieder der Morgen, es bringen die Stunden
    Neue Blumen herbei, schmücken uns festlich den Tag.
Gönnet mir, o Quiriten! das Glück, und jedem gewähre
    Aller Güter der Welt erstes und letztes der Gott!

Frankreichs traurig Geschick

Frankreichs traurig Geschick, die Großen mögen's bedenken;
  Aber bedenken fürwahr sollen es Kleine noch mehr.
Große gingen zu Grunde: doch wer beschützte die Menge
  Gegen die Menge? Da war Menge der Menge Tyrann.

Hast du nicht gute Gesellschaft gesehn?

Hast du nicht gute Gesellschaft gesehn? Es zeigt uns
                                        dein Büchlein
Fast nur Gaukler und Volk, ja was noch niedriger ist.
Gute Gesellschaft hab' ich gesehn, man nennt sie die gute,
Wenn sie zum kleinsten Gedicht keine Gelegenheit gibt.

Grün ist der Boden der Wohnung

Grün ist der Boden der Wohnung, die Sonne scheint durch
die Wände,
Und das Vögelchen singt über dem leinenen Dach;
Kriegerisch reiten wir aus, besteigen Schlesiens Höhen,
Schauen mit gierigem Blick vorwärts nach Böhmen hinein.
Aber es zeigt sich kein Feind – und keine Feindin, o bringe,
Wenn uns Mavors betrügt, bring' uns Cupido den Krieg!

Glückliche Fahrt

Die Nebel zerreißen,
Der Himmel ist helle,
Und Äolus löset
Das ängstliche Band.
Es säuseln die Winde,
Es rührt sich der Schiffer.
Geschwinde! Geschwinde!
Es teilt sich die Welle,
Es naht sich die Ferne;
Schon seh ich das Land!

Meeres Stille

Tiefe Stille herrscht im Wasser,
Ohne Regung ruht das Meer,
Und bekümmert sieht der Schiffer
Glatte Fläche rings umher.
Keine Luft von keiner Seite!
Todesstille fürchterlich!
In der ungeheuern Weite
Reget keine Welle sich.

Philine

Singet nicht in Trauertönen
Von der Einsamkeit der Nacht,
Nein, sie ist, o holde Schönen,
Zur Geselligkeit gemacht.

Wie das Weib dem Mann gegeben
Als die schönste Hälfte war,
Ist die Nacht das halbe Leben,
Und die schönste Hälfte zwar.

Könnt ihr euch des Tages freuen,
Der nur Freuden unterbricht?
Er ist gut, sich zu zerstreuen,
Zu was anderm taugt er nicht.

Aber wenn in nächt'ger Stunde
Süßer Lampe Dämmrung fließt,
Und vom Mund zum nahen Munde
Scherz und Liebe sich ergießt.

Wenn der rasche lose Knabe,
Der sonst wild und feurig eilt,
Oft, bei einer kleinen Gabe,
Unter leichten Spielen weilt.

Wenn die Nachtigall Verliebten
Liebevoll ein Liedchen singt,
Das Gefangnen und Betrübten
Nur wie Ach und Wehe klingt;

Mit wie leichtem Herzensregen
Horchet ihr der Glocke nicht,
Die mit zwölf bedächt'gen Schlägen
Ruh und Sicherheit verspricht!

Darum an dem langen Tage
Merke dir es, liebe Brust:
Jeder Tag hat seine Plage,
Und die Nacht hat ihre Lust.

Nähe des Geliebten

Ich denke dein, wenn mir der Sonne Schimmer
   Vom Meere strahlt;
Ich denke dein, wenn sich des Mondes Flimmer
   In Quellen malt.

Ich sehe dich, wenn auf dem fernen Wege
   Der Staub sich hebt;
In tiefer Nacht, wenn auf dem schmalen Stege
   Der Wandrer bebt.

Ich höre dich, wenn dort mit dumpfem Rauschen
   Die Welle steigt.
Im stillen Haine geh' ich oft zu lauschen,
   Wenn alles schweigt.

Ich bin bei dir, du seist auch noch so ferne,
   Du bist mir nah!
Die Sonne sinkt, bald leuchten mir die Sterne.
   O wärst du da!

Der Chinese in Rom

Einen Chinesen sah ich in Rom; die gesamten Gebäude
    Alter und neuerer Zeit schienen ihm lästig und schwer.
Ach! so seufzt' er, die Armen! ich hoffe, sie sollen begreifen,
    Wie erst Säulchen von Holz tragen des Daches Gezelt,
Daß an Latten und Pappen, Geschnitz und bunter Vergoldung
    Sich des gebildeten Aug's feinerer Sinn nur erfreut. –
Siehe, da glaubt' ich, im Bilde, so manchen Schwärmer
                            zu schauen,
    Der sein luftig Gespinst mit der soliden Natur
Ewigem Teppich vergleicht, den echten, reinen Gesunden
    Krank nennt, daß ja nur er heiße, der Kranke, gesund.

Der Schatzgräber

Arm am Beutel, krank am Herzen,
Schleppt' ich meine langen Tage.
Armut ist die größte Plage,
Reichtum ist das höchste Gut!
Und zu enden meine Schmerzen,
Ging ich einen Schatz zu graben.
Meine Seele sollst du haben!
Schrieb ich hin mit eignem Blut.

Und so zog ich Kreis' um Kreise,
Stellte wunderbare Flammen,
Kraut und Knochenwerk zusammen:
Die Beschwörung war vollbracht.
Und auf die gelernte Weise
Grub ich nach dem alten Schatze,
Auf dem angezeigten Platze.
Schwarz und stürmisch war die Nacht.

Und ich sah ein Licht von weiten,
Und es kam, gleich einem Sterne,
Hinten aus der fernsten Ferne,
Eben als es zwölfe schlug.
Und da galt kein Vorbereiten.
Heller ward's mit einemmale
Von dem Glanz der vollen Schale,
Die ein schöner Knabe trug.

Holde Augen sah ich blinken
Unter dichtem Blumenkranze;

In des Trankes Himmelsglanze
Trat er in den Kreis herein.
Und er hieß mich freundlich trinken;
Und ich dacht': es kann der Knabe,
Mit der schönen lichten Gabe,
Wahrlich! nicht der Böse sein.

Trinke Mut des reinen Lebens!
Dann verstehst du die Belehrung,
Kommst, mit ängstlicher Beschwörung,
Nicht zurück an diesen Ort.
Grabe hier nicht mehr vergebens.
Tages Arbeit! Abends Gäste!
Saure Wochen! Frohe Feste!
Sei dein künftig Zauberwort.

An Mignon

Über Tal und Fluß getragen
Ziehet rein der Sonne Wagen.
Ach! sie regt in ihrem Lauf,
So wie deine, meine Schmerzen,
Tief im Herzen,
Immer morgens wieder auf.

Kaum will mir die Nacht noch frommen,
Denn die Träume selber kommen
Nun in trauriger Gestalt,
Und ich fühle dieser Schmerzen,
Still im Herzen
Heimlich bildende Gewalt.

Schon seit manchen schönen Jahren
Seh' ich unten Schiffe fahren;
Jedes kommt an seinen Ort;
Aber ach, die steten Schmerzen,
Fest im Herzen,
Schwimmen nicht im Strome fort.

Schön in Kleidern muß ich kommen,
Aus dem Schrank sind sie genommen,
Weil es heute Festtag ist;
Niemand ahnet, daß von Schmerzen
Herz im Herzen
Grimmig mir zerrissen ist.

Heimlich muß ich immer weinen,
Aber freundlich kann ich scheinen
Und sogar gesund und rot;
Wären tödlich diese Schmerzen
Meinem Herzen,
Ach! schon lange wär ich tot.

Natur und Kunst

Natur und Kunst sie scheinen sich zu fliehen,
Und haben sich, eh' man es denkt, gefunden;
Der Widerwille ist auch mir verschwunden,
Und beide scheinen gleich mich anzuziehen.

Es gilt wohl nur ein redliches Bemühen!
Und wenn wir erst in abgemess'nen Stunden
Mit Geist und Fleiß uns an die Kunst gebunden,
Mag frei Natur im Herzen wieder glühen.

So ist's mit aller Bildung auch beschaffen:
Vergebens werden ungebundne Geister
Nach der Vollendung reiner Höhe streben.

Wer Großes will muß sich zusammenraffen;
In der Beschränkung zeigt sich erst der Meister,
Und das Gesetz nur kann uns Freiheit geben.

Das Sonett

Sich in erneutem Kunstgebrauch zu üben,
Ist heil'ge Pflicht, die wir dir auferlegen:
Du kannst dich auch, wie wir, bestimmt bewegen
Nach Tritt und Schritt, wie es dir vorgeschrieben.

Denn eben die Beschränkung läßt sich lieben,
Wenn sich die Geister gar gewaltig regen;
Und wie sie sich denn auch gebärden mögen,
Das Werk zuletzt ist doch vollendet blieben.

So möcht' ich selbst in künstlichen Sonetten,
In sprachgewandter Maßen kühnem Stolze,
Das Beste, was Gefühl mir gäbe, reimen;

Nur weiß ich hier mich nicht bequem zu betten,
Ich schneide sonst so gern aus ganzem Holze,
Und müßte nun doch auch mitunter leimen.

Dauer im Wechsel

Hielte diesen frühen Segen
Ach, nur Eine Stunde fest!
Aber vollen Blütenregen
Schüttelt schon der laue West.
Soll ich mich des Grünen freuen
Dem ich Schatten erst verdankt?
Bald wird Sturm auch das zerstreuen,
Wenn es falb im Herbst geschwankt.

Willst du nach den Früchten greifen,
Eilig nimm dein Teil davon!
Diese fangen an zu reifen,
Und die andern keimen schon;
Gleich mit jedem Regengusse
Ändert sich dein holdes Tal,
Ach, und in demselben Flusse
Schwimmst du nicht zum zweitenmal.

Du nun selbst! Was felsenfeste
Sich vor dir hervorgetan,
Mauern siehst du, siehst Paläste
Stets mit andern Augen an.
Weggeschwunden ist die Lippe,
Die im Kusse sonst genas,
Jener Fuß, der an der Klippe
Sich mit Gemsenfreche maß,

Jene Hand, die gern und milde
Sich bewegte, wohlzutun.

Das gegliederte Gebilde,
Alles ist ein andres nun.
Und was sich an jener Stelle
Nun mit deinem Namen nennt,
Kam herbei wie eine Welle,
Und so eilt's zum Element.

Laß den Anfang mit dem Ende
Sich in Eins zusammen ziehn!
Schneller als die Gegenstände
Selber dich vorüberfliehn!
Danke, daß die Gunst der Musen
Unvergängliches verheißt,
Den Gehalt in deinem Busen
Und die Form in deinem Geist.

Ritter Curts Brautfahrt

Mit des Bräutigams Behagen
Schwingt sich Ritter Curt aufs Roß;
Zu der Trauung soll's ihn tragen,
Auf der edlen Liebsten Schloß;
Als am öden Felsenorte
Drohend sich ein Gegner naht;
Ohne Zögern, ohne Worte
Schreiten sie zu rascher Tat.

Lange schwankt des Kampfes Welle,
Bis sich Curt im Siege freut;
Er entfernt sich von der Stelle,
Überwinder und gebläut.
Aber was er bald gewahret
In des Busches Zitterschein!
Mit dem Säugling still gepaaret
Schleicht ein Liebchen durch den Hain.

Und sie winkt ihm auf das Plätzchen:
Lieber Herr, nicht so geschwind!
Habt Ihr nichts an euer Schätzchen,
Habt Ihr nichts für euer Kind?
Ihn durchglühet süße Flamme,
Daß er nicht vorbei begehrt,
Und er findet nun die Amme,
Wie die Jungfrau, liebenswert.

Doch er hört die Diener blasen,
Denket nun der hohen Braut,

Und nun wird auf seinen Straßen
Jahresfest und Markt so laut,
Und er wählet in den Buden
Manches Pfand zu Lieb und Huld;
Aber ach! da kommen Juden
Mit dem Schein vertagter Schuld.

Und nun halten die Gerichte
Den behenden Ritter auf.
O verteufelte Geschichte!
Heldenhafter Lebenslauf!
Soll ich heute mich gedulden?
Die Verlegenheit ist groß.
Widersacher, Weiber, Schulden,
Ach! kein Ritter wird sie los.

Nachtgesang

O! gib, vom weichen Pfühle,
Träumend, ein halb Gehör!
Bei meinem Saitenspiele
Schlafe! was willst du mehr?

Bei meinem Saitenspiele
Segnet der Sterne Heer
Die ewigen Gefühle;
Schlafe! was willst du mehr?

Die ewigen Gefühle
Heben mich, hoch und hehr,
Aus irdischem Gewühle;
Schlafe! was willst du mehr?

Vom irdischen Gewühle
Trennst du mich nur zu sehr,
Bannst mich in diese Kühle;
Schlafe! was willst du mehr?

Bannst mich in diese Kühle,
Gibst nur im Traum Gehör.
Ach! auf dem weichen Pfühle
Schlafe! was willst du mehr?

Zueignung

Ihr naht euch wieder, schwankende Gestalten!
Die früh sich einst dem trüben Blick gezeigt.
Versuch' ich wohl euch diesmal fest zu halten?
Fühl' ich mein Herz noch jenem Wahn geneigt?
Ihr drängt euch zu! nun gut, so mögt ihr walten,
Wie ihr aus Dunst und Nebel um mich steigt;
Mein Busen fühlt sich jugendlich erschüttert
Vom Zauberhauch, der euren Zug umwittert.

Ihr bringt mit euch die Bilder froher Tage,
Und manche liebe Schatten steigen auf;
Gleich einer alten halbverklungnen Sage,
Kommt erste Lieb' und Freundschaft mit herauf;
Der Schmerz wird neu, es wiederholt die Klage
Des Lebens labyrinthisch irren Lauf,
Und nennt die Guten, die, um schöne Stunden
Vom Glück getäuscht, vor mir hinweggeschwunden.

Sie hören nicht die folgenden Gesänge,
Die Seelen, denen ich die ersten sang;
Zerstoben ist das freundliche Gedränge,
Verklungen ach! der erste Widerklang.
Mein Lied ertönt der unbekannten Menge,
Ihr Beifall selbst macht meinem Herzen bang,
Und was sich sonst an meinem Lied erfreuet,
Wenn es noch lebt, irrt in der Welt zerstreuet.

Und mich ergreift ein längst entwöhntes Sehnen
Nach jenem stillen ernsten Geisterreich,

Es schwebet nun in unbestimmten Tönen
Mein lispelnd Lied, der Äolsharfe gleich,
Ein Schauer faßt mich, Träne folgt den Tränen,
Das strenge Herz es fühlt sich mild und weich;
Was ich besitze seh' ich wie im weiten,
Und was verschwand wird mir zu Wirklichkeiten.

Gretchens Stube

Gretchen *am Spinnrade allein*

Meine Ruh' ist hin,
Mein Herz ist schwer;
Ich finde sie nimmer
Und nimmermehr.

Wo ich ihn nicht hab'
Ist mir das Grab,
Die ganze Welt
Ist mir vergällt.

Mein armer Kopf
Ist mir verrückt,
Mein armer Sinn
Ist mir zerstückt.

Meine Ruh' ist hin,
Mein Herz ist schwer;
Ich finde sie nimmer
Und nimmermehr.

Nach ihm nur schau' ich
Zum Fenster hinaus,
Nach ihm nur geh' ich
Aus dem Haus.

Sein hoher Gang,
Sein' edle Gestalt,
Seines Mundes Lächeln,
Seiner Augen Gewalt,

Und seiner Rede
Zauberfluß,
Sein Händedruck,
Und ach sein Kuß!

Meine Ruh' ist hin.
Mein Herz ist schwer,
Ich finde sie nimmer
Und nimmermehr.

Mein Busen drängt
Sich nach ihm hin.
Ach dürft' ich fassen
Und halten ihn!

Und küssen ihn
So wie ich wollt',
An seinen Küssen
Vergehen sollt'!

Was Völker sterbend hinterlassen

Was Völker sterbend hinterlassen,
Das ist ein bleicher Schattenschlag:
Du siehst ihn wohl, ihn zu erfassen
Läufst du vergeblich Nacht und Tag.

Wer immerdar nach Schatten greift,
Kann stets nur leere Luft erlangen:
Wer Schatten stets auf Schatten häuft,
Sieht endlich sich von düstrer Nacht umfangen.

Mächtiges Überraschen

Ein Strom entrauscht umwölktem Felsensaale
   Dem Ozean sich eilig zu verbinden;
   Was auch sich spiegeln mag von Grund zu Gründen,
   Er wandelt unaufhaltsam fort zu Tale.

Dämonisch aber stürzt mit einem Male –
   Ihr folgen Berg und Wald in Wirbelwinden –
   Sich Oreas, Behagen dort zu finden,
   Und hemmt den Lauf, begrenzt die weite Schale.

Die Welle sprüht und staunt zurück und weichet,
   Und schwillt bergan, sich immer selbst zu trinken;
   Gehemmt ist nun zum Vater hin das Streben.

Sie schwankt und ruht, zum See zurückgedeichet;
   Gestirne, spiegelnd sich, beschaun das Blinken
   Des Wellenschlags am Fels, ein neues Leben.

Abschied

War unersättlich nach viel tausend Küssen,
   Und mußt mit einem Kuß am Ende scheiden,
   Nach herber Trennung tiefempfundnem Leiden
   War mir das Ufer, dem ich mich entrissen,

Mit Wohnungen, mit Bergen, Hügeln, Flüssen,
   So lang' ich's deutlich sah, ein Schatz der Freuden;
   Zuletzt im Blauen blieb ein Augenweiden
   An fernentwichnen, lichten Finsternissen.

Und endlich, als das Meer den Blick umgrenzte,
   Fiel mir zurück in's Herz mein heiß Verlangen;
   Ich suchte mein Verlornes gar verdrossen.

Da war es gleich als ob der Himmel glänzte;
   Mir schien, als wäre nichts mir, nichts entgangen,
   Als hätt' ich alles, was ich je genossen.

Die Liebende abermals

Warum ich wieder zum Papier mich wende?
  Das mußt du, Liebster, so bestimmt nicht fragen:
  Denn eigentlich hab' ich dir nichts zu sagen;
  Doch kommt's zuletzt in deine lieben Hände.

Weil ich nicht kommen kann, soll was ich sende,
  Mein ungeteiltes Herz hinüber tragen
  Mit Wonnen, Hoffnungen, Entzücken, Plagen:
  Das alles hat nicht Anfang, hat nicht Ende.

Ich mag vom heut'gen Tag dir nichts vertrauen,
  Wie sich im Sinnen, Wünschen, Wähnen, Wollen
  Mein treues Herz zu dir hinüber wendet,

So stand ich einst vor dir, dich anzuschauen,
  Und sagte nichts. Was hätt' ich sagen sollen?
  Mein ganzes Wesen war in sich vollendet.

Das Mädchen spricht

Du siehst so ernst, Geliebter! Deinem Bilde
  Von Marmor hier möcht' ich dich wohl vergleichen;
  Wie dieses gibst du mir kein Lebenszeichen;
  Mit dir verglichen zeigt der Stein sich milde.

Der Feind verbirgt sich hinter seinem Schilde,
  Der Freund soll offen seine Stirn uns reichen.
  Ich suche dich, du suchst mir zu entweichen;
  Doch halte Stand, wie dieses Kunstgebilde.

An wen von beiden soll ich nun mich wenden?
  Sollt' ich von beiden Kälte leiden müssen?
  Da dieser tot und du lebendig heißest.

Kurz! um der Worte mehr nicht zu verschwenden,
  So will ich diesen Stein so lange küssen,
  Bis eifersüchtig du mich ihm entreißest.

Der Kaiserin Becher
Den 10. Juni 1810

Dich, klein geblümt Gefäß! mit Schmuck und Leben
  Des Blumenflores malerisch zu umwinden,
  Ist zwar zu spät; doch unser Glück zu künden
  Soll nun von Worten dich ein Kranz umgeben.

Und möcht' er auch so zierlich dich umschweben,
  Wie ihn die Grazien, die Musen binden;
  Rein auszusprechen, was wir rein empfinden,
  Ist für den Dichter selbst vergeblich Streben.

Den Lippen, denen Huld und Gunst entquellen,
  Von denen Freundlichkeit und Frohsinn wirken,
  Hast du, beglückt Gefäß! dich nähern dürfen;

Gekostet haben sie die heißen Wellen. –
  O, möchten sie aus unsern Lustbezirken
  Des Lebens Balsam frisch erquicklich schlürfen!

[Parabolisch]

Sie saugt mit Gier verrätrisches Getränke
Unabgesetzt, vom ersten Zug verführt;
Sie fühlt sich wohl, und längst sind die Gelenke
Der zarten Beinchen schon paralysiert,
Nicht mehr gewandt, die Flügelchen zu putzen,
Nicht mehr geschickt, das Köpfchen aufzustutzen –
Das Leben so sich im Genuß verliert.
Zum Stehen kaum wird noch das Füßchen taugen;
So schlürft sie fort, und mitten unterm Saugen
Umnebelt ihr der Tod die tausend Augen.

Gegenwart

Alles kündet Dich an!
Erscheinet die herrliche Sonne,
Folgst Du, so hoff' ich es, bald.

Trittst du im Garten hervor,
So bist Du die Rose der Rosen,
Lilie der Lilien zugleich.

Wenn Du im Tanze Dich regst,
So regen sich alle Gestirne
Mit Dir und um Dich umher.

Nacht! und so wär' es denn Nacht!
Nun überscheinst Du des Mondes
Lieblichen, ladenden Glanz.

Ladend und lieblich bist Du,
Und Blumen, Mond und Gestirne
Huldigen, Sonne, nur Dir.

Sonne! so sei du auch mir
Die Schöpferin herrlicher Tage;
Leben und Ewigkeit ist's.

Die wandlende Glocke

Es war ein Kind, das wollte nie
Zur Kirche sich bequemen
Und Sonntags fand es stets ein Wie,
Den Weg in's Feld zu nehmen.

Die Mutter sprach: Die Glocke tönt,
Und so ist dir's befohlen
Und hast du dich nicht hingewöhnt,
Sie kommt und wird dich holen.

Das Kind es denkt: die Glocke hängt
Da droben auf dem Stuhle.
Schon hat's den Weg ins Feld gelenkt
Als lief es aus der Schule.

Die Glocke Glocke tönt nicht mehr,
Die Mutter hat gefackelt.
Doch welch ein Schrecken! hinterher
Die Glocke kommt gewackelt.

Sie wackelt schnell, man glaubt es kaum,
Das arme Kind im Schrecken
Es läuft, es kommt, als wie im Traum;
Die Glocke wird es decken.

Doch nimmt es richtig seinen Husch
Und mit gewandter Schnelle
Eilt es durch Anger Feld und Busch
Zur Kirche, zur Kapelle.

Und jeden Sonn- und Feiertag
Gedenkt es an den Schaden,
Läßt durch den ersten Glockenschlag,
Nicht in Person sich laden.

Gefunden

Ich ging im Walde
So für mich hin,
Und nichts zu suchen,
Das war mein Sinn.

Im Schatten sah' ich
Ein Blümchen stehn,
Wie Sterne leuchtend,
Wie Äuglein schön.

Ich wollt' es brechen,
Da sagt' es fein:
Soll ich zum Welken
Gebrochen sein?

Ich grub's mit allen
Den Würzlein aus,
Zum Garten trug ich's
Am hübschen Haus.

Und pflanzt es wieder
Am stillen Ort;
Nun zweigt es immer
Und blüht so fort.

Eigentum

Ich weiß, daß mir nichts angehört,
Als der Gedanke, der ungestört
Aus meiner Seele will fließen,
Und jeder günstige Augenblick,
Den mich ein liebendes Geschick
Von Grundaus läßt genießen.

Gib mir

Gib mir statt »Der Sch ...« ein ander Wort o Priapus
  Denn ich Deutscher ich bin übel als Dichter geplagt.
Griechisch nenne ich dich φαλλος, das klänge doch prächtig
                                        den Ohren,
  Und lateinisch ist auch Mentula leidlich ein Wort.
Mentula käme von Mens, der Sch ... ist etwas von hinten,
  Und nach hinten war mir niemals ein froher Genuß.

Im Atemholen

Im Atemholen sind zweierlei Gnaden:
Die Luft einziehn, sich ihrer entladen;
Jenes bedrängt, dieses erfrischt;
So wunderbar ist das Leben gemischt.
Du danke Gott wenn er dich preßt,
Und dank ihm, wenn er dich wieder entläßt.

Versunken

Voll Locken kraus ein Haupt so rund! –
Und darf ich dann in solchen reichen Haaren
Mit vollen Händen hin und wider fahren,
Da fühl ich mich von Herzensgrund gesund.
Und küß ich Stirne, Bogen, Auge, Mund,
Dann bin ich frisch und immer wieder wund.
Der fünfgezackte Kamm wo sollt' er stocken?
Er kehrt schon wieder zu den Locken.
Das Ohr versagt sich nicht dem Spiel,
Hier ist nicht Fleisch, hier ist nicht Haut,
So zart zum Scherz so liebeviel!
Doch wie man auf dem Köpfchen kraut,
Man wird in solchen reichen Haaren
Für ewig auf und nieder fahren.
So hast du, Hafis, auch getan,
Wir fangen es von vornen an.

Behandelt die Frauen mit Nachsicht!
Aus krummer Rippe ward sie erschaffen,
Gott konnte sie nicht ganz grade machen.
Willst du sie biegen, sie bricht;
Läßt du sie ruhig, sie wird noch krümmer;
Du guter Adam, was ist denn schlimmer?–
Behandelt die Frauen mit Nachsicht:
Es ist nicht gut, daß euch eine Rippe bricht.

Getretner Quark

Getretner Quark
Wird breit, nicht stark.

Schlägst du ihn aber mit Gewalt
In feste Form, er nimmt Gestalt.
Dergleichen Steine wirst du kennen,
Europäer Pisé sie nennen.

Phänomen

Wenn zu der Regenwand
Phöbus sich gattet,
Gleich steht ein Bogenrand
Farbig beschattet.

Im Nebel gleichen Kreis
Seh ich gezogen;
Zwar ist der Bogen weiß,
Doch Himmelsbogen.

So sollst du, muntrer Greis,
Dich nicht betrüben,
Sind gleich die Haare weiß,
Doch wirst du lieben.

Im Gegenwärtigen Vergangnes

Ros' und Lilie morgentaulich
Blüht im Garten meiner Nähe,
Hinten an bebuscht und traulich
Steigt der Felsen in die Höhe.
Und mit hohem Wald umzogen,
Und mit Ritterschloß gekrönet,
Lenkt sich hin des Gipfels Bogen,
Bis er sich dem Tal versöhnet.

Und da duftets wie vor alters,
Da wir noch von Liebe litten,
Und die Saiten meines Psalters
Mit dem Morgenstrahl sich stritten.
Wo das Jagdlied aus den Büschen
Fülle runden Tons enthauchte,
Anzufeuern, zu erfrischen
Wie's der Busen wollt und brauchte.

Nun die Wälder ewig sprossen,
So ermutigt euch mit diesen,
Was ihr sonst für euch genossen
Läßt in andern sich genießen.
Niemand wird uns dann beschreien
Daß wirs uns alleine gönnen,
Nun in allen Lebensreihen
Müsset ihr genießen können.

Und mit diesem Lied und Wendung
Sind wir wieder bei Hafisen;

Denn es ziemt, des Tags Vollendung
Mit Genießern zu genießen.

Keinen Reimer wird man finden,
Der sich nicht den besten hielte,
Keinen Fiedler, der nicht lieber
Eigne Melodien spielte.

Und ich konnte sie nicht tadeln;
Wenn wir andern Ehre geben,
Müssen wir uns selbst entadeln.
Lebt man denn, wenn andre leben?

Und so fand ichs denn auch juste
In gewissen Antichambern,
Wo man nicht zu sondern wußte
Mäusedreck von Koriandern.

Das Gewesne wollte hassen
Solche rüstge neue Besen,
Diese dann nicht gelten lassen,
Was sonst Besen war gewesen.

Und wo sich die Völker trennen
Gegenseitig im Verachten,
Keins von beiden wird bekennen,
Daß sie nach demselben trachten.

Und das grobe Selbstempfinden
Haben Leute hart gescholten,
Die am wenigsten verwinden,
Wenn die andern was gegolten.

Selige Sehnsucht

Sagt es niemand, nur den Weisen,
Weil die Menge gleich verhöhnet,
Das Lebendge will ich preisen,
Das nach Flammentod sich sehnet.

In der Liebesnächte Kühlung,
Die dich zeugte, wo du zeugtest,
Überfällt dich fremde Fühlung,
Wenn die stille Kerze leuchtet.

Nicht mehr bleibest du umfangen
In der Finsternis Beschattung,
Und dich reißet neu Verlangen
Auf zu höherer Begattung.

Keine Ferne macht dich schwierig,
Kommst geflogen und gebannt,
Und zuletzt, des Lichts begierig,
Bist du Schmetterling verbrannt.

Und solang du das nicht hast,
Dieses: Stirb und werde!
Bist du nur ein trüber Gast
Auf der dunklen Erde.

Schenke

Heute hast du gut gegessen,
Doch du hast noch mehr getrunken;
Was du bei dem Mahl vergessen
Ist in diesen Napf gesunken.

Sieh, das nennen wir ein Schwänchen,
Wie's dem satten Gast gelüstet;
Dieses bring ich meinem Schwane
Der sich auf den Wellen brüstet.

Doch vom Singschwan will man wissen,
Daß er sich zu Grabe läutet;
Laß mich jedes Lied vermissen,
Wenn es auf dein Ende deutet.

Unbegrenzt

Daß du nicht enden kannst, das macht dich groß,
Und daß du nie beginnst, das ist dein Los.
Dein Lied ist drehend wie das Sterngewölbe,
Anfang und Ende immerfort dasselbe,
Und was die Mitte bringt, ist offenbar
Das, was zu Ende bleibt und anfangs war.

Du bist der Freuden echte Dichterquelle,
Und ungezählt entfließt dir Well auf Welle.
Zum Küssen stets bereiter Mund,
Ein Brustgesang, der lieblich fließet,
Zum Trinken stets gereizter Schlund,
Ein gutes Herz, das sich ergießet.

Und mag die ganze Welt versinken,
Hafis, mit dir, mit dir allein
Will ich wetteifern! Lust und Pein
Sei uns, den Zwillingen, gemein!
Wie du zu lieben und zu trinken,
Das soll mein Stolz, mein Leben sein.

Nun töne, Lied, mit eignem Feuer!
Denn du bist älter, du bist neuer.

Wink

Und doch haben sie recht die ich schelte:
Denn daß ein Wort nicht einfach gelte
Das müßte sich wohl von selbst verstehn.
Das Wort ist ein Fächer! Zwischen den Stäben
Blicken ein Paar schöne Augen hervor.
Der Fächer ist nur ein lieblicher Flor,
Er verdeckt mir zwar das Gesicht,
Aber das Mädchen verbirgt er nicht,
Weil das Schönste was sie besitzt,
Das Auge, mir ins Auge blitzt.

In tausend Formen magst du dich verstecken,
Doch, Allerliebste, gleich erkenn ich dich;
Du magst mit Zauberschleiern dich bedecken,
Allgegenwärtge, gleich erkenn ich dich.

An der Zypresse reinstem, jungem Streben,
Allschöngewachsne, gleich erkenn ich dich;
In des Kanales reinem Wellenleben,
Allschmeichelhafte, wohl erkenn ich dich.

Wenn steigend sich der Wasserstrahl entfaltet,
Allspielende, wie froh erkenn ich dich;
Wenn Wolke sich gestaltend umgestaltet,
Allmannigfaltge, dort erkenn ich dich.

An des geblümten Schleiers Wiesenteppich,
Allbuntbesternte, schön erkenn ich dich;
Und greift umher ein tausendarmger Eppich,
O Allumklammernde, da kenn ich dich.

Wenn am Gebirg der Morgen sich entzündet,
Gleich, Allerheiternde, begrüß ich dich;
Dann über mir der Himmel rein sich ründet,
Allherzerweiternde, dann atm ich dich.

Was ich mit äußerm Sinn, mit innerm kenne,
Du Allbelehrende, kenn ich durch dich;
Und wenn ich Allahs Namenhundert nenne,
Mit jedem klingt ein Name nach für dich.

Es ist gut

Bei Mondenschein im Paradeis
Fand Jehova im Schlafe tief
Adam versunken, legte leis
Zur Seit ein Evchen, das auch entschlief.

Da lagen nun, in Erdeschranken,
Gottes zwei lieblichste Gedanken. –
Gut!!! rief er sich zum Meisterlohn,
Er ging sogar nicht gern davon.

Kein Wunder daß es uns berückt,
Wenn Auge frisch in Auge blickt,
Als hätten wirs so weit gebracht,
Bei dem zu sein der uns gedacht.
Und ruft er uns, wohlan! es sei!
Nur, das beding ich, alle zwei.
Dich halten dieser Arme Schranken,
Liebster von allen Gottes-Gedanken.

Hatem

Nicht Gelegenheit macht Diebe,
Sie ist selbst der größte Dieb;
Denn sie stahl den Rest der Liebe
Die mir noch im Herzen blieb.

Dir hat sie ihn übergeben
Meines Lebens Vollgewinn,
Daß ich nun, verarmt, mein Leben
Nur von dir gewärtig bin.

Doch ich fühle schon Erbarmen
Im Karfunkel deines Blicks
Und erfreu in deinen Armen
Mich erneuerten Geschicks.

Suleika

Hochbeglückt in deiner Liebe
Schelt ich nicht Gelegenheit;
Ward sie auch an dir zum Diebe,
Wie mich solch ein Raub erfreut!

Und wozu denn auch berauben?
Gib dich mir aus freier Wahl;
Gar zu gerne möcht ich glauben –
Ja! ich bins die dich bestahl.

Was so willig du gegeben
Bringt dir herrlichen Gewinn,
Meine Ruh, mein reiches Leben
Geb ich freudig, nimm es hin.

Scherze nicht! Nichts von Verarmen!
Macht uns nicht die Liebe reich?
Halt ich dich in meinen Armen,
Jedem Glück ist meines gleich.

Suleika

Was bedeutet die Bewegung?
Bringt der Ost mir frohe Kunde?
Seiner Schwingen frische Regung
Kühlt des Herzens tiefe Wunde.

Kosend spielt er mit dem Staube,
Jagt ihn auf in leichten Wölkchen,
Treibt zur sichern Rebenlaube
Der Insekten frohes Völkchen.

Lindert sanft der Sonne Glühen,
Kühlt auch mir die heißen Wangen,
Küßt die Reben noch im Fliehen,
Die auf Feld und Hügel prangen.

Und mir bringt sein leises Flüstern
Von dem Freunde tausend Grüße;
Eh noch diese Hügel düstern,
Grüßen mich wohl tausend Küsse.

Und so kannst du weiter ziehen!
Diene Freunden und Betrübten.
Dort wo hohe Mauern glühen,
Find' ich bald den Vielgeliebten.

Ach! die wahre Herzenskunde,
Liebeshauch, erfrischtes Leben
Wird mir nur aus seinem Munde,
Kann mir nur sein Atem geben.

An vollen Büschelzweigen,
Geliebte, sieh nur hin!
Laß dir die Früchte zeigen,
Umschalet stachlig grün.

Sie hängen längst geballet,
Still, unbekannt mit sich;
Ein Ast, der schaukelnd wallet,
Wiegt sie geduldiglich.

Doch immer reift von innen
Und schwillt der braune Kern,
Er möchte Luft gewinnen
Und säh die Sonne gern.

Die Schale platzt, und nieder
Macht er sich freudig los;
So fallen meine Lieder
Gehäuft in deinen Schoß.

Gingo Biloba

Dieses Baums Blatt der von Osten
Meinem Garten anvertraut
Gibt geheimen Sinn zu kosten
Wie's den Wissenden erbaut.

Ist es Ein lebendig Wesen,
Das sich in sich selbst getrennt?
Sind es zwei die sich erlesen
Daß man sie als Eines kennt?

Solche Fragen zu erwidern
Fand ich wohl den rechten Sinn;
Fühlst du nicht an meinen Liedern
Daß ich Eins und doppelt bin?

Vollmondnacht

Herrin! sag' was heißt das Flüstern?
Was bewegt dir leis' die Lippen?
Lispelst immer vor dich hin,
Lieblicher als Weines Nippen!
Denkst du deinen Mundgeschwistern
Noch ein Pärchen herzuziehn?
    »Ich will küssen! Küssen! sagt ich.«

Schau! im zweifelhaften Dunkel
Glühen blühend alle Zweige,
Nieder spielet Stern auf Stern,
Und, smaragden, durchs Gesträuche
Tausendfältiger Karfunkel;
Doch dein Geist ist allem fern.
    »Ich will küssen! Küssen! sagt ich.«

Dein Geliebter, fern, erprobet
Gleicherweis' im Sauersüßen,
Fühlt ein unglückselges Glück.
Euch im Vollmond zu begrüßen,
Habt ihr heilig angelobet,
Dieses ist der Augenblick.
    »Ich will küssen! Küssen! sag' ich.«

In einer Stadt einmal
An Fanny Caspers

In einer Stadt einmal
Auf dem Stadthaus
Ein großer Saal,
Darin ein lustig Mahl.

Unter den Gästen
Eine artige Maus,
Wie's bei solchen Festen
Geht, im Champagnersaus.
Sie hatte nicht so viel getrunken
Als Schiller, ich und alle,
Sie war mir aber um den Hals gesunken.
In keiner Falle
Fing man so lieblich Mäuschen;
Niedlich war sie, niedlicher im Räuschchen.
Ich hielt sie feste, feste,
Wir küßten uns auf's beste,
Doch wickelt sie sich heraus –
Fort war die Maus!
Die treibt sich in Osten und Süden;
Gott schenk' ihr Lieb' und Frieden.

Nachklang

Es klingt so prächtig wenn der Dichter
Der Sonne bald, dem Kaiser sich vergleicht;
Doch er verbirgt die traurigen Gesichter,
Wenn er in düstren Nächten schleicht.

Von Wolken streifenhaft befangen
Versank zu Nacht des Himmels reinstes Blau,
Vermagert bleich sind meine Wangen
Und meine Herzensthränen grau.

Laß mich nicht so der Nacht, dem Schmerze,
Du allerliebstes, du mein Mondgesicht!
O, du mein Phosphor, meine Kerze,
Du meine Sonne, du mein Licht!

Lust und Qual

Knabe saß ich, Fischerknabe,
Auf dem schwarzen Fels im Meer,
Und, bereitend falsche Gabe,
Sang ich, lauschend ringsumher.
Angel schwebte lockend nieder;
Gleich ein Fischlein streift und schnappt,
Schadenfrohe Schelmenlieder –
Und das Fischlein war ertappt.

Ach! am Ufer, durch die Fluren,
Ins Geklüfte tief zum Hain,
Folgt ich einer Sohle Spuren,
Und die Hirtin war allein.
Blicke sinken, Worte stocken! –
Wie ein Taschenmesser schnappt,
Faßte sie mich in die Locken,
Und das Bübchen war ertappt.

Weiß doch Gott, mit welchem Hirten
Sie aufs neue sich ergeht!
Muß ich in das Meer mich gürten,
Wie es sauset, wie es weht.

Wenn mich oft im Netze jammert
Das Gewimmel groß und klein,
Immer möcht ich noch umklammert
Noch von ihren Armen sein!

Lesebuch

Wunderlichstes Buch der Bücher
Ist das Buch der Liebe;
Aufmerksam hab' ichs gelesen:
Wenig Blätter Freuden,
Ganze Hefte Leiden;
Einen Abschnitt macht die Trennung.
Wiedersehn! ein klein Kapitel,
Fragmentarisch. Bände Kummers
Mit Erklärungen verlängert,
Endlos, ohne Maß.
O! Nisami! – doch am Ende
Hast den rechten Weg gefunden;
Unauflösliches wer löst es?
Liebende sich wiederfindend.

Und wer franzet oder britet,
Italienert oder teutschet,
Einer will nur wie der andre,
Was die Eigenliebe heischet.

Denn es ist kein Anerkennen,
Weder vieler, noch des einen,
Wenn es nicht am Tage fördert,
Wo man selbst was möchte scheinen.

Morgen habe denn das Rechte
Seine Freunde wohlgesinnet,
Wenn nur heute noch das Schlechte
Vollen Platz und Gunst gewinnet.

Wer nicht von dreitausend Jahren
Sich weiß Rechenschaft zu geben,
Bleib im Dunkeln unerfahren,
Mag von Tag zu Tage leben.

Prooemion

Im Namen dessen, der Sich selbst erschuf!
Von Ewigkeit in schaffendem Beruf;
In Seinem Namen der den Glauben schafft,
Vertrauen, Liebe, Tätigkeit und Kraft;
In Jenes Namen, der, so oft genannt,
Dem Wesen nach blieb immer unbekannt:
    So weit das Ohr, so weit das Auge reicht,
Du findest nur Bekanntes das Ihm gleicht,
Und deines Geistes höchster Feuerflug
Hat schon am Gleichnis, hat am Bild genug;
Es zieht dich an, es reißt dich heiter fort,
Und wo du wandelst, schmückt sich Weg und Ort:
Du zählst nicht mehr, berechnest keine Zeit,
Und jeder Schritt ist Unermeßlichkeit.

Frühling über's Jahr

Das Beet schon lockert
Sich's in die Höh,
Da wanken Glöckchen
So weiß wie Schnee;
Safran entfaltet
Gewalt'ge Glut,
Smaragden keimt es
Und keimt wie Blut.
Primeln stolzieren
So naseweiß,
Schalkhafte Veilchen
Versteckt mit Fleiß;
Was auch noch alles
Da regt und webt,
Genug, der Frühling
Er wirkt und lebt.

Doch was im Garten
Am reichsten blüht,
Das ist des Liebchens
Lieblich Gemüt.
Da glühen Blicke
Mir immerfort,
Erregend Liedchen,
Erheiternd Wort.
Ein immer offen,
Ein Blütenherz,
Im Ernste freundlich
Und rein im Scherz.

Wenn Ros' und Lilie
Der Sommer bringt,
Er doch vergebens
Mit Liebchen ringt.

Urworte. Orphisch
ΔΑΙΜΩΝ, Dämon

Wie an dem Tag, der dich der Welt verliehen,
Die Sonne stand zum Gruße der Planeten,
Bist alsobald und fort und fort gediehen
Nach dem Gesetz, wonach du angetreten.
So mußt du sein, dir kannst du nicht entfliehen,
So sagten schon Sibyllen, so Propheten;
Und keine Zeit und keine Macht zerstückelt
Geprägte Form, die lebend sich entwickelt.

ΤΥΧΗ, das Zufällige

Die strenge Grenze doch umgeht gefällig
Ein Wandelndes, das mit und um uns wandelt;
Nicht einsam bleibst du, bildest dich gesellig,
Und handelst wohl so, wie ein andrer handelt:
Im Leben ists bald hin- bald widerfällig,
Es ist ein Tand und wird so durchgetandelt.
Schon hat sich still der Jahre Kreis geründet,
Die Lampe harrt der Flamme, die entzündet.

ΕΡΩΣ, Liebe

Die bleibt nicht aus! – Er stürzt vom Himmel nieder,
Wohin er sich aus alter Öde schwang,
Er schwebt heran auf luftigem Gefieder
Um Stirn und Brust den Frühlingstag entlang,

Scheint jetzt zu fliehn, vom Fliehen kehrt er wieder:
Da wird ein Wohl im Weh, so süß und bang.
Gar manches Herz verschwebt im Allgemeinen,
Doch widmet sich das edelste dem Einen.

ΑΝΑΓΚΗ, Nötigung

Da ists denn wieder, wie die Sterne wollten:
Bedingung und Gesetz, und aller Wille
Ist nur ein Wollen, weil wir eben sollten,
Und vor dem Willen schweigt die Willkür stille;
Das Liebste wird vom Herzen weggescholten,
Dem harten Muß bequemt sich Will und Grille.
So sind wir scheinfrei denn nach manchen Jahren
Nur enger dran, als wir am Anfang waren.

ΕΛΠΙΣ, Hoffnung

Doch solcher Grenze, solcher ehrnen Mauer
Höchst widerwärtge Pforte wird entriegelt,
Sie stehe nur mit alter Felsendauer!
Ein Wesen regt sich leicht und ungezügelt:
Aus Wolkendecke, Nebel, Regenschauer
Erhebt sie uns, mit ihr, durch sie beflügelt,
Ihr kennt sie wohl, sie schwärmt durch alle Zonen;
Ein Flügelschlag – und hinter uns Äonen!

Um Mitternacht

Um Mitternacht ging ich, nicht eben gerne,
Klein, kleiner Knabe, jenen Kirchhof hin
Zu Vaters Haus, des Pfarrers, Stern am Sterne
Sie leuchteten doch alle gar zu schön;
   Um Mitternacht.

Wenn ich dann ferner in des Lebens Weite
Zur Liebsten mußte, mußte weil sie zog,
Gestirn und Nordschein über mir im Streite,
Ich gehend, kommend Seligkeiten sog;
   Um Mitternacht.

Bis dann zuletzt des vollen Mondes Helle
So klar und deutlich mir ins Finstere drang,
Auch der Gedanke willig, sinnig, schnelle
Sich um's Vergangne wie um's Künftige schlang;
   Um Mitternacht.

Die Jahre nahmen dir

»Die Jahre nahmen dir, du sagst, so vieles;
Die eigentliche Lust des Sinnenspieles,
Erinnerung des allerliebsten Tandes
Von gestern, weit- und breiten Landes
Durchschweifen frommt nicht mehr; selbst nicht von Oben
Der Ehren anerkannte Zier, das Loben,
erfreulich sonst. Aus eignem Tun Behagen
Quillt nicht mehr auf, dir fehlt ein dreistes Wagen!
Nun wüßt ich nicht was dir Besondres bliebe?«

Mir bleibt genug! Es bleibt Idee und Liebe!

Epirrhema

Müsset im Naturbetrachten
Immer eins wie alles achten;
Nichts ist drinnen, nichts ist draußen:
Denn was innen das ist außen.
So ergreifet ohne Säumnis
Heilig öffentlich Geheimnis.

Freuet euch des wahren Scheins,
Euch des ernsten Spieles:
Kein Lebendiges ist ein Eins,
Immer ist's ein Vieles.

Parabase

Freudig war, vor vielen Jahren,
Eifrig so der Geist bestrebt,
Zu erforschen, zu erfahren,
Wie Natur im Schaffen lebt.
Und es ist das ewig Eine,
Das sich vielfach offenbart:
Klein das Große, groß das Kleine,
Alles nach der eignen Art;
Immer wechselnd, fest sich haltend,
Nah und fern und fern und nah,
So gestaltend, umgestaltend –
Zum Erstaunen bin ich da.

Wenn du am breiten Flusse wohnst

Wenn du am breiten Flusse wohnst,
Seicht stockt er manchmal auch vorbei;
Dann wenn du deine Wiesen schonst
Herüber schlemmt er, es ist ein Brei.

Am klaren Tag hinab die Schiffe,
Der Fischer weislich streicht hinan;
Nun starret Eis am Kies und Riffe,
Das Knabenvolk ist Herr der Bahn.

Das mußt du sehn und unterweilen
Doch immer was du willst vollziehn!
Nicht stocken darfst du, vor nicht eilen;
Die Zeit sie geht gemessen hin.

Im Dorfe war ein groß Gelag

Im Dorfe war ein groß Gelag,
Man sagt' es sei ein Hochzeittag,
Ich zwängte mich in den Schenken-Saal,
Da drehten die Pärchen allzumal,
Ein jedes Mädchen mit seinem Wicht,
Da gab es manch verliebt Gesicht.
Nun fragt' ich endlich nach der Braut –
Mir einer starr in's Angesicht schaut:
»Das mögt ihr von einem andern hören!
Wir aber tanzen ihr zu Ehren,
Wir tanzen schon drei Tag und Nacht,
Und hat noch niemand an sie gedacht.«

Will einer im Leben um sich schauen,
Dergleichen wird man ihm viel vertrauen.

Wandersegen

Die Wanderjahre sind nun angetreten
Und jeder Schritt des Wandrers ist bedenklich.
Zwar pflegt er nicht zu singen und zu beten;
Doch wendet er, sobald der Pfad verfänglich,
Den ernsten Blick, wo Nebel ihn umtrüben,
In's eigne Herz und in das Herz der Lieben.

Neugriechische Liebe-Skolie

Diese Richtung ist gewiß,
Immer schreite, schreite!
Finsternis und Hindernis
Drängt mich nicht zur Seite.

Endlich leuchtest meinem Pfad
Luna! klar und golden;
Immer fort und immer grad
Geht mein Weg zur Holden.

Nun der Fluß die Pfade bricht,
Ich zum Nachen schreite,
Leite, liebes Himmelslicht!
Mich zur andern Seite.

Seh' ich doch das Lämpchen schon
Aus der Hütte schimmern,
Laß um deinen Wagenthron
Alle Sterne glimmern.

Eins und Alles

Im Grenzenlosen sich zu finden
Wird gern der Einzelne verschwinden,
Da löst sich aller Überdruß;
Statt heißem Wünschen, wildem Wollen,
Statt läst'gem Fordern, strengem Sollen
Sich aufzugeben ist Genuß.

Weltseele komm uns zu durchdringen!
Dann mit dem Weltgeist selbst zu ringen
Wird unsrer Kräfte Hochberuf.
Teilnehmend führen gute Geister,
Gelinde leitend, höchste Meister
Zu dem der alles schafft und schuf.

Und umzuschaffen das Geschaffne,
Damit sich's nicht zum Starren waffne,
Wirkt ewiges, lebendiges Tun.
Und was nicht war, nun will es werden
Zu reinen Sonnen, farbigen Erden,
In keinem Falle darf es ruhn.

Es soll sich regen, schaffend handeln,
Erst sich gestalten, dann verwandeln;
Nur scheinbar steht's Momente still.
Das Ewige regt sich fort in allen:
Denn alles muß in Nichts zerfallen,
Wenn es im Sein beharren will.

Weihnachten

Bäume leuchtend, Bäume blendend,
Überall das Süße spendend,
In dem Glanze sich bewegend,
Alt- und junges Herz erregend –
Solch ein Fest ist uns bescheret,
Mancher Gaben Schmuck verehret;
Staunend schaun wir auf und nieder,
Hin und her und immer wieder.

Aber, Fürst, wenn dirs begegnet,
Und ein Abend so dich segnet,
Daß als Lichter, daß als Flammen
Vor dir glänzten allzusammen
Alles, was du ausgerichtet,
Alle, die sich dir verpflichtet:
Mit erhöhten Geistesblicken
Fühltest herrliches Entzücken.

An Ulrike von Levetzow

Du Schüler Howards, wunderlich
Siehst Morgens um und über dich,
Ob Nebel fallen, ob sie steigen,
Und was sich für Gewölke zeigen.

Auf Berges Ferne ballt sich auf
Ein Alpenheer, beeist zu Hauf,
Und oben drüber flüchtig schweifen
Gefiedert weiße luftige Streifen;
Doch unten senkt sich grau und grauer
Aus Wolkenschicht ein Regenschauer.

Und wenn bei stillem Dämmerlicht
Ein allerliebstes Treugesicht
Auf holder Schwelle dir begegnet,
Weißt du, ob's heitert? ob es regnet?

An Madame Marie Szymanowska

Die Leidenschaft bringt Leiden! – Wer beschwichtigt
Beklommnes Herz dich, das zu viel verloren?
Wo sind die Stunden überschnell verflüchtigt?
Vergebens war das Schönste dir erkoren!
Trüb ist der Geist, verworren das Beginnen;
Die hehre Welt, wie schwindet sie den Sinnen!

Da schwebt hervor Musik mit Engelsschwingen,
Verflicht zu Millionen Tön' um Töne,
Des Menschen Wesen durch und durch zu dringen
Zu überfüllen ihn mit ewger Schöne:
Das Auge netzt sich, fühlt im höhern Sehnen
Den Götter-Wert der Töne wie der Tränen.

Und so das Herz erleichtert merkt behende
Daß es noch lebt und schlägt und möchte schlagen,
Zum reinsten Dank der überreichen Spende
Sich selbst erwiedernd willig darzutragen.
Da fühlte sich – o daß es ewig bliebe! –
Das Doppel-Glück der Töne wie der Liebe.

Am acht und zwanzigsten August 1826

Des Menschen Tage sind verflochten,
Die schönsten Güter angefochten,
Es trübt sich auch der freiste Blick;
Du wandelst einsam und verdrossen,
Der Tag verschwindet ungenossen
In abgesondertem Geschick.

Wenn Freundes Antlitz dir begegnet,
So bist du gleich befreit, gesegnet,
Gemeinsam freust du dich der Tat.
Ein Zweiter kommt sich anzuschließen,
Mitwirken will er, mitgenießen,
Verdreifacht so sich Kraft und Rat.

Von äußerm Drang unangefochten,
Bleibt, Freunde, so in eins verflochten,
Dem Tage gönnet heitern Blick!
Das Beste schaffet unverdrossen;
Wohlwollen unsrer Zeitgenossen,
Das bleibt zuletzt erprobtes Glück.

Bei Betrachtung von Schillers Schädel

Im ernsten Beinhaus war's, wo ich beschaute,
　　Wie Schädel Schädeln angeordnet paßten;
　　Die alte Zeit gedacht' ich, die ergraute.
Sie stehn in Reih' geklemmt' die sonst sich haßten.
　　Und derbe Knochen die sich tödlich schlugen
　　Sie liegen kreuzweis, zahm allhier zu rasten.
Entrenkte Schulterblätter! was sie trugen,
　　Fragt niemand mehr, und zierlich tät'ge Glieder,
　　Die Hand, der Fuß zerstreut aus Lebensfugen.
Ihr Müden also lagt vergebens nieder,
　　Nicht Ruh im Grabe ließ man euch, vertrieben
　　Seid ihr herauf zum lichten Tage wieder,
Und niemand kann die dürre Schale lieben,
　　Welch herrlich edlen Kern sie auch bewahrte.
　　Doch mir Adepten war die Schrift geschrieben,
Die heil'gen Sinn nicht jedem offenbarte,
　　Als ich in Mitten solcher starren Menge
　　Unschätzbar herrlich ein Gebild gewahrte,
Daß in des Raumes Moderkält und Enge
　　Ich frei und wärmefühlend mich erquickte,
　　Als ob ein Lebensquell dem Tod entspränge.
Wie mich geheimnisvoll die Form entzückte!
　　Die gottgedachte Spur, die sich erhalten!
　　Ein Blick der mich an jenes Meer entrückte
Das flutend strömt gesteigerte Gestalten.
　　Geheim Gefäß! Orakelsprüche spendend,
　　Wie bin ich wert dich in der Hand zu halten?
Dich höchsten Schatz aus Moder fromm entwendend,
　　Und in die freie Luft, zu freiem Sinnen,

Zum Sonnenlicht andächtig hin mich wendend.
Was kann der Mensch im Leben mehr gewinnen,
Als daß sich Gott-Natur ihm offenbare?
Wie sie das Feste läßt zu Geist verrinnen,
Wie sie das Geisterzeugte fest bewahre.

Aus den Gruben, hier im Graben

Aus den Gruben, hier im Graben,
Hör' ich des Propheten Sang;
Engel schweben ihn zu laben,
Wäre da dem Guten bang?
Löw' und Löwin hin und wieder,
Schmiegen sich um ihn heran;
Ja, die sanften frommen Lieder
Haben's ihnen angetan.

Engel schweben auf und nieder
Uns in Tönen zu erlaben,
Welch ein himmlischer Gesang!
In den Gruben, in dem Graben
Wäre da dem Kinde bang?
Diese sanften frommen Lieder
Lassen Unglück nicht heran:
Engel schweben hin und wieder,
Und so ist es schon getan.

Denn der Ew'ge herrscht auf Erden,
Über Meere herrscht sein Blick,
Löwen sollen Lämmer werden
Und die Welle schwankt zurück.
Blankes Schwert erstarrt im Hiebe;
Glaub' und Hoffnung sind erfüllt;
Wundertätig ist die Liebe,
Die sich im Gebet enthüllt.

Gedichte sind gemalte Fensterscheiben

Gedichte sind gemalte Fensterscheiben!
Sieht man vom Markt in die Kirche hinein,
Da ist alles dunkel und düster;
Und so sieht's auch der Herr Philister:
Der mag denn wohl verdrießlich sein
Und lebenslang verdrießlich bleiben.

Kommt aber nur einmal herein!
Begrüßt die heilige Kapelle;
Da ist's auf einmal farbig helle,
Geschicht' und Zierrat glänzt in Schnelle,
Bedeutend wirkt ein edler Schein;
Dies wird euch Kindern Gottes taugen,
Erbaut euch und ergetzt die Augen!

Sag was könnt' uns Mandarinen

Sag was könnt' uns Mandarinen,
Satt zu herrschen, müd zu dienen,
Sag was könnt' uns übrig bleiben,
Als in solchen Frühlingstagen
Uns des Nordens zu entschlagen
Und am Wasser und im Grünen
Fröhlich trinken, geistig schreiben,
Schal' auf Schale, Zug in Zügen?

Der Guckuck wie die Nachtigall

Der Guckuck wie die Nachtigall
Sie mögten den Frühling fesseln,
Doch drängt der Sommer schon überall
Mit Disteln und mit Nesseln;
Auch mir hat er das leichte Laub
An jenem Baum verdichtet,
Durch das ich sonst zu schönstem Raub
Den Liebesblick gerichtet;
Verdeckt ist mir das bunte Dach,
Die Gitter und die Pfosten,
Wohin mein Auge spähend brach,
Dort ewig bleibt mein Osten.

Dämmrung senkte sich von oben

Dämmrung senkte sich von oben,
Schon ist alle Nähe fern;
Doch zuerst emporgehoben
Holden Lichts der Abendstern!
Alles schwankt in's Ungewisse
Nebel schleichen in die Höh;
Schwarzvertiefte Finsternisse
Wiederspiegelnd ruht der See.

Nun im östlichen Bereiche
Ahnd' ich Mondenglanz und Glut,
Schlanker Weiden Haargezweige
Scherzen auf der nächsten Flut.
Durch bewegter Schatten Spiele
Zittert Luna's Zauberschein,
Und durch's Auge schleicht die Kühle
Sänftigend in's Herz hinein.

Nun weiß man erst

Nun weiß man erst was Rosenknospe sei,
Jetzt, da die Rosenzeit vorbei;
Ein Spätling noch am Stocke glänzt
Und ganz allein die Blumenwelt ergänzt.

Als Allerschönste

Als Allerschönste bist du anerkannt,
Bist Königin des Blumenreichs genannt;
Unwidersprechlich allgemeines Zeugnis,
Streitsucht verbannend, wundersam Ereignis!
Du bist es also, bist kein bloßer Schein,
In dir trifft Schau'n und Glauben überein;
Doch Forschung strebt und ringt, ermüdend nie,
Nach dem Gesetz, dem Grund, *Warum* und *Wie*.

Den Vereinigten Staaten

Amerika, du hast es besser
Als unser Kontinent, das alte,
Hast keine verfallene Schlösser
Und keine Basalte.
Dich stört nicht im Innern,
Zu lebendiger Zeit,
Unnützes Erinnern
Und vergeblicher Streit.
   Benutzt die Gegenwart mit Glück!
Und wenn nun eure Kinder dichten,
Bewahre sie ein gut Geschick
Vor Ritter-, Räuber- und Gespenstergeschichten.

Fräulein See-Yaou-Hing

Du tanzest leicht bei Pfirsich-Flor
Am luftigen Frühlings-Ort:
Der Wind, stellt man den Schirm nicht vor,
Bläst euch zusammen fort.

Auf Wasserlilien hüpftest du
Wohl hin den bunten Teich,
Dein winziger Fuß, dein zarter Schuh
Sind selbst der Lilie gleich.

Die andern binden Fuß für Fuß,
Und wenn sie ruhig stehn
Gelingt wohl noch ein holder Gruß,
Doch können sie nicht gehn.

Nicht mehr auf Seidenblatt

Nicht mehr auf Seidenblatt
Schreib' ich symmetrische Reime;
Nicht mehr faß ich sie
In goldne Ranken;
Dem Staub, dem beweglichen, eingezeichnet
Überweht sie der Wind,
Aber die Kraft besteht,
Bis zum Mittelpunkt der Erde
Dem Boden angebannt.
Und der Wandrer wird kommen,
Der Liebende. Betritt er
Diese Stelle, ihm zuckts
Durch alle Glieder.
»Hier! vor mir liebte der Liebende.
War es Medschnun, der zarte?
Ferhad der kräftige? Dschemil der daurende?
Oder von jenen tausend
Glücklich-Unglücklichen Einer?
Er liebte! Ich liebe wie er,
Ich ahnd' ihn!«
Suleika, du aber ruhst
Auf dem zarten Polster,
Das ich dir bereitet und geschmückt.
Auch dir zuckts aufweckend durch die Glieder.
»Er ist der mich ruft, Hatem.
Auch ich rufe dir, o! Hatem! Hatem.«

Dem aufgehenden Vollmonde
Dornburg, 25. August 1828

Willst du mich sogleich verlassen!
Warst im Augenblick so nah!
Dich umfinstern Wolkenmassen
Und nun bist du gar nicht da.

Doch du fühlst wie ich betrübt bin,
Blickt dein Rand herauf als Stern!
Zeugest mir daß ich geliebt bin,
Sei das Liebchen noch so fern.

So hinan denn! hell und heller,
Reiner Bahn, in voller Pracht!
Schlägt mein Herz auch schmerzlich schneller,
Überselig ist die Nacht.

Der Bräutigam

Um Mitternacht, ich schlief, im Busen wachte
Das liebevolle Herz, als wär' es Tag;
Der Tag erschien, mir war als ob es nachte,
Was ist es mir, so viel er bringen mag?

Sie fehlte ja, mein emsig Tun und Streben
Für sie allein ertrug ich's durch die Glut
Der heißen Stunde, welch erquicktes Leben
Am kühlen Abend! lohnend war's und gut.

Die Sonne sank und Hand in Hand verpflichtet
Begrüßten wir den letzten Segensblick,
Und Auge sprach, in's Auge klar gerichtet:
Von Osten, hoffe nur, sie kommt zurück.

Um Mitternacht der Sterne Glanz geleitet
Im holden Traum zur Schwelle, wo sie ruht.
O sei auch mir dort auszuruhn bereitet,
Wie es auch sei das Leben, es ist gut.

Früh wenn Tal, Gebirg und Garten

Dornburg, September 1828

Früh wenn Tal, Gebirg und Garten
Nebelschleiern sich enthüllen,
Und dem sehnlichsten Erwarten
Blumenkelche bunt sich füllen;

Wenn der Äther, Wolken tragend,
Mit dem klaren Tage streitet,
Und ein Ostwind, sie verjagend,
Blaue Sonnenbahn bereitet;

Dankst du dann, am Blick dich weidend,
Reiner Brust der Großen, Holden,
Wird die Sonne, rötlich scheidend,
Rings den Horizont vergolden.

Ihr verblühet, süße Rosen

Ihr verblühet, süße Rosen,
Meine Liebe trug euch nicht;
Blühet, ach! dem Hoffnungslosen,
Dem der Gram die Seele bricht!

Jener Tage denk' ich trauernd,
Als ich, Engel, an dir hing,
Auf das erste Knöspchen lauernd
Früh zu meinem Garten ging;

Alle Blüten, alle Früchte
noch zu deinen Füßen trug,
Und vor deinem Angesichte
Hoffnung in dem Herzen schlug.

Ihr verblühet, süße Rosen,
Meine Liebe trug euch nicht;
Blühet, ach! dem Hoffnungslosen,
Dem der Gram die Seele bricht!

Vermächtnis

Kein Wesen kann zu nichts zerfallen,
Das Ew'ge regt sich fort in allen,
Am Sein erhalte dich beglückt!
Das Sein ist ewig, denn Gesetze
Bewahren die lebend'gen Schätze
Aus welchen sich das All geschmückt.

Das Wahre war schon längst gefunden,
Hat edle Geisterschaft verbunden,
Das alte Wahre fass' es an.
Verdank' es, Erdensohn, dem Weisen
Der ihr die Sonne zu umkreisen,
Und dem Geschwister wies die Bahn.

Sofort nun wende dich nach innen,
Das Zentrum findest du da drinnen
Woran kein Edler zweifeln mag.
Wirst keine Regel da vermissen,
Denn das selbstständige Gewissen
Ist Sonne deinem Sittentag.

Den Sinnen hast du dann zu trauen,
Kein Falsches lassen sie dich schauen
Wenn dein Verstand dich wach erhält.
Mit frischem Blick bemerke freudig,
Und wandle, sicher wie geschmeidig,
Durch Auen reichbegabter Welt.

Genieße mäßig Füll' und Segen,
Vernunft sei überall zugegen
Wo Leben sich des Lebens freut.
Dann ist Vergangenheit beständig,
Das Künftige voraus lebendig,
Der Augenblick ist Ewigkeit.

Und war es endlich dir gelungen,
Und bist du vom Gefühl durchdrungen:
Was fruchtbar ist allein ist wahr;
Du prüfst das allgemeine Walten,
Es wird nach seiner Weise schalten,
Geselle dich zur kleinsten Schar.

Und wie von Alters her, im stillen,
Eine Liebewerk, nach eignem Willen,
Der Philosoph, der Dichter schuf;
So wirst du schönste Gunst erzielen:
Denn edlen Seelen vorzufühlen
Ist wünschenswertester Beruf.

Lynkeus der Türmer

Zum Sehen geboren,
Zum Schauen bestellt,
Dem Turme geschworen,
Gefällt mir die Welt.
Ich blick' in die Ferne,
Ich seh' in die Näh'
Den Mond und die Sterne,
den Wald und das Reh.
So seh ich in allen
Die ewige Zier,
Und wie mir's gefallen,
Gefall ich auch mir.
Ihr glücklichen Augen,
Was je ihr gesehn,
Es sei wie es wolle,
Es war doch so schön!

Der Zaubrer fordert leidenschaftlich wild
Von Höll und Himmel sich Helenens Bild:
Trät er zu mir in heitern Morgenstunden,
Das Liebenswürdigste wär friedlich ihm gefunden.

Alphabetisches Verzeichnis
der Gedichtüberschriften und -anfänge

Editorische Notiz

Diese Ausgabe fasst sämtliche Goethe-Gedichte zusammen, die Marcel Reich-Ranicki in die *Frankfurter Anthologie* (Band 1-37) aufgenommen hat. Die Interpretationen wurden hier nicht abgedruckt.

»Hinten im Winkel des Gartens« wurde zitiert nach: Johann Wolfgang Goethe, *Gedichte 1756-1799*. Herausgegeben von Karl Eibl. Deutscher Klassiker Verlag, Frankfurt am Main 1998.

»Fräulein See-Yaou-Hing« wurde zitiert nach: Johann Wolfgang Goethe, *Sämtliche Werke. Briefe, Tagebücher und Gespräche. 40 Bände*. Herausgegeben von Hans-Georg Dewitz. Deutscher Klassiker Verlag, Frankfurt am Main 1999.

»Zueignung« und »Meine Ruh' ist hin« wurde zitiert nach: Johann Wolfgang Goethe, *Faust, Texte und Kommentare*. Herausgegeben von Albrecht Schöne. Insel Verlag Frankfurt am Main/ Leipzig 2003.

Alle übrigen Gedichte dieses Bandes wurden zitiert nach: Johann Wolfgang Goethe, *Sämtliche Gedichte*. Mit einem Nachwort von Karl Eibl. Insel Verlag Frankfurt am Main/Leipzig 2007.

»Ein Triumph über das Unsagbare.«
Marcel Reich-Ranicki

»Er war das Idol und der Abgott ganzer Generationen deutscher, mehr noch, europäischer Leser, und sein klangvoll-rhythmischer Name wurde zum Inbegriff des Poetischen: Rainer Maria Rilke. Er war ein genialer Künstler. Er wußte mit dem Reim umzugehen wie nur wenige Dichter in der Geschichte unserer Literatur, er hat der Sprache ungeahnte Klänge und Melodien abgewonnen. In vielen Versen vermochte er auszudrücken, was unaussprechbar schien: Seine Poesie ist ein Triumph über das Unsagbare.« *Marcel Reich-Ranicki*

Der Zauber von Rilkes Versen ist bis heute ungebrochen. Dieser Band versammelt die schönsten Gedichte aus seinem lyrischen Werk, herausgegeben von Marcel Reich-Ranicki.

Rainer Maria Rilke, Die schönsten Gedichte. Herausgegeben von Marcel Reich-Ranicki. insel taschenbuch 4460. 250 Seiten

Der Erzählkanon vom größten deutschen Literaturkritiker

Aus dem gewaltigen Erzählfundus der deutschsprachigen Literatur hat Marcel Reich-Ranicki Texte ausgewählt, die bis heute nicht an Bedeutung, Lebendigkeit und Glanz verloren haben.

Erzählungen aus drei Jahrhunderten, von der Klassik bis zur Gegenwart:
Von Wilhelm Hauffs *Geschichte vom Kalif Storch* bis Alfred Döblins *Ermordung einer Butterblume*, von Heinrich Bölls *Wanderer, kommst du nach Spa...* bis Martin Walsers *Selbstporträt als Kriminalroman*.

Die besten deutschen Erzählungen. Ausgewählt von Marcel Reich-Ranicki. insel taschenbuch 4185. 360 Seiten

Der Gedichtkanon vom größten deutschen Literaturkritiker

»Gedichte können die Zeit besser überstehen als die prächtigsten Tempel und Paläste«, sagt Marcel Reich-Ranicki. Dieser Band versammelt die für den Literaturkritiker wichtigsten und schönsten Gedichte vom 12. bis zum 21. Jahrhundert: Gedichte von Liebe und Vergänglichkeit, die heute noch leuchten wie am ersten Tag.

Vom mittelalterlichen *Du bist mîn* bis zu Goethes *Heidenröslein*, von Rilkes *Der Panther* bis zu Brechts *Erinnerung an die Marie A.*, von Georg Kreislers *Der Tod muß ein Wiener sein* bis zu Ingeborg Bachmanns *Gestundete Zeit*.

Die besten deutschen Gedichte. Ausgewählt von Marcel Reich-Ranicki. insel taschenbuch 4186. 306 Seiten

»Ein Plädoyer für die Poesie der Frauen.«
Marcel Reich-Ranicki

»Gedichte können die Zeit besser überstehen als die prächtigsten Tempel und Paläste«, sagt Marcel Reich-Ranicki. Dieser Band versammelt die für den Literaturkritiker wichtigsten und schönsten Gedichte deutscher Lyrikerinnen vom Mittelalter bis zur Gegenwart. Die vorliegende Sammlung macht in ihrer Vielfalt den Band nicht nur zu einem anregenden Lesevergnügen, sondern auch zu einer bislang einzigartigen Literatur- und Kulturgeschichte.

Mit Gedichten von Annette von Droste-Hülshoff, Ricarda Huch, Nelly Sachs, Getrud Kolmar, Marie Luise Kaschnitz, Mascha Kaléko, Friederike Mayröcker, Ingeborg Bachmann, Elisabeth Borchers, Sarah Kirsch, Ulla Hahn, Ulrike Draesner u.v.a.

Frauen dichten anders. Deutsche Dichterinnen vom Mittelalter bis zur Gegenwart. Ausgewählt von Marcel Reich-Ranicki. insel taschenbuch 4240. 246 Seiten